| 来 | 华 | 短 | 期 | 汉 | 语 | 进 | 修 | 教 | 材 |

速通汉语

Expressway to Chinese

胡文华 吴中伟 许金生 主编
胡文华 编著

中级

1

北京语言大学出版社
BEIJING LANGUAGE AND CULTURE UNIVERSITY PRESS

图书在版编目（CIP）数据

速通汉语 ：中级 . 1 / 胡文华，吴中伟，许金生主编 ；胡文华编著 . -- 北京 ：北京语言大学出版社，2020.6

ISBN 978-7-5619-5645-8

Ⅰ. ①速… Ⅱ. ①胡… ②吴… ③许… Ⅲ. ①汉语－对外汉语教学－教材 Ⅳ. ① H195.4

中国版本图书馆 CIP 数据核字 (2020) 第 082993 号

速通汉语 中级 1

SUTONG HANYU ZHONGJI 1

排版制作：北京创艺涵文化发展有限公司
责任编辑：张维嘉 英文翻译：胡文华
英文编辑：侯晓娟
责任印制：周 燚

出版发行：北京语言大学出版社
社 址：北京市海淀区学院路 15 号，100083
网 址：www.blcup.com
电子信箱：service@blcup.com
电 话：编辑部 8610-82303647/3592/3724
国内发行 8610-82303650/3591/3648
海外发行 8610-82303365/3080/3668
北语书店 8610-82303653
网购咨询 8610-82303908
印 刷：天津嘉恒印务有限公司

版 次：2020 年 6 月第 1 版 印 次：2020 年 6 月第 1 次印刷
开 本：880 毫米 × 1230 毫米 1/16 印 张：7.25
字 数：109 千字
定 价：48.00 元

PRINTED IN CHINA

编写说明

汉语进修教学，可分为强化型和普及型两种，本教材为普及型汉语进修教材。本教材主要面向来华短期进修教学项目，也适用于国内外其他各类普及型汉语进修教学项目。教材的初、中、高三级既相互衔接，又具有一定的独立性，可根据需要单独使用；学习者可从头学起，也可以从其中某一册学起。

普及型短期进修教学的主要特点是：教学周期相对较短，学习者课外学习时间有限，学习者的学习动机和学习需求差异较大。本教材遵循汉语作为第二语言教学教材的编写基本原则以及汉语教材编写的发展趋势，针对普及型短期进修教学的上述特点，在编写中着力体现以下特点：

1. 以任务为载体，兼顾结构、功能、文化

结构、功能、文化相结合，是汉语作为第二语言教学遵循的基本原则。结构、功能、文化相结合的载体，就是任务，即交际活动。本教材按照从输入型任务到输出型任务的顺序，通过任务活动促进语言的输入和输出，完成相应的教学目标。

在语言点的安排上，本教材尽量照顾到语法结构教学的系统性。在语境设计上，注意贴近学习者生活，突出实用性。在内容主题的选择上，密切反映中国当代社会特点，体现时代气息。在文化因素的处理上，兼顾世界文化的共通性和中国传统文化的独特性。

2. 听说为主，精泛结合

总的来说，本教材属于综合教材，以提高学习者的汉语综合运用能力为目标。但考虑到短期进修教学的特点，在技能培养上以听说为主，兼顾读写。初级阶段 1 ～ 4 册的所有教学内容，均为汉字和拼音对照形式，以适应部分学习者技能发展不平衡的情况，以及不同学习者对技能发展的不同需求。使用者可根据实际情况对读写技能的培养确定相应的教学目标。

在中高级阶段，本教材在设计上体现精泛结合的理念，特别是高级阶段，对于聆听和阅读任务中的词语和结构，不要求全部掌握，为学习者的自主学习留出足够空间；同时，在完成理解性和表达性任务过程中，注意学习策略的培养。

3. 注重课堂教学的操作性

教材编写的过程化，是教材编写的发展趋势。所谓过程化，就是通过练习和活动设计逐步推进教学目标的实现，使教材的内部结构与实际课堂教学的过程基本一致，这样有助于更好地实现教材的设计理念和设计目标，也减轻了教师在教学设计上的压力。当然，学习者的特点千差万别，有经验的教师完全可以根据具体情况对教材中的设计安排进行灵活调整。

4. 在难度和容量上保持足够的适用空间

短期进修教学，教学周期相对较短，或为 1 ～ 2 周，或为 1 ～ 2 个月；另外，中国国内各大学的短期班一般是每天用 3 ～ 4 课时完成 1 课的教学任务。因此，我们把每册容量定为 10 课。如果每天 1 课，每周 5 天，则每册可供 2 周学完。每课主要内容的设计课时为 3 课时，但每课均配有“延伸活动”或“拓展练习”，可供第 4 课时使用。这样的设计，便于不同教学周期、不同课时量的教学项目灵活选用。

另外，本教材虽然跨越初、中、高三个等级，但限于容量，不可能出齐 HSK 各级全部词汇和语言点，为了保证与各册总体难度等级相适应，初级阶段该出而未出的部分词语和个别语言点，在中级阶段不再作为生词和新的语言点处理，高级阶段则根据精泛结合的原则，仅对本阶段重点词语、重点格式进行处理。

本教材共 12 册。难度上与 HSK 等级的大致对应关系为（容量上不完全覆盖各级内容）：

本教材构成	初级 1 ～ 4 册	中级 1 ～ 4 册	高级 1 ～ 4 册
对应HSK水平	1 ～ 3 级	4 级	5 级

教材由三位主编合作主持编写工作，具体分工如下：

许金生，负责初级 1 ～ 4 册；

胡文华，负责中级 1 ～ 4 册；

吴中伟，负责高级 1 ～ 4 册。

本教材出版前已在复旦大学国际文化交流学院暑期班试用，并根据试用反馈进行了修改，但肯定还存在许多疏漏、不足之处，敬请各位同行、老师批评指正！

编者

2019 年 3 月

本册使用说明

《速通汉语　中级》共 4 册，可供有一定汉语基础（已掌握 800 个左右常用词）的学习者使用，可以前接初级 1 ～ 4 册，后续高级 1 ～ 4 册，也可以单独使用。本教材将汉语常用词汇、短语和句子表达与话题中的文化内容相结合，活动和任务贯穿教材始终。本教材适用于综合课教学，重点培养学生的听说技能和口头交际能力，兼顾读写技能。

本册教材共有 10 课，若每天 3 ～ 4 课时，可在 2 周内完成。以下具体说明教材内容及使用建议。

教材编写理念主要为以任务和活动为载体，重视交际互动，通过由易到难的活动设计不断推进教学目标的实现。教学活动的编排按照从输入型任务到输出型任务的顺序，每一课的语言点教学都设有后续跟进的交际练习活动，旨在通过一系列控制式交际活动、半控制式交际活动及自由输出式交际活动，逐步推进教学目标的实现，以使学生全方位、多角度地熟悉当课语言点及常见的使用搭配，并在不断的交际互动中逐渐获得使用汉语进行基本交际会话的能力。

建议教师根据教材编排的顺序，即“热身→词语→语言点→主课文与副课文→拓展练习”组织教学，也可按照具体情况灵活微调。

各课板块设置如下：

1. 热身

“热身”为每课教学的引入部分，教师可用 10 分钟左右的时间，以该课话题为中心，通过师生之间或学生之间问答的形式引导学生复习旧知识，唤起学生对新知识的学习欲望，以此自然过渡到新课的学习。

2. 词语

每课生词约 20 个，建议使用 20 分钟左右时间进行教学。教师可先领读生词，然后按顺序讲解生词，对于重点生词应通过形式多样的互动方式引出词语的典型用法，并带领学生操练，最后让学生完成“词语活动”，教师扼要讲评。

中级 1 ～ 2 册还配有一项“听句子，将你听懂的意思说出来”练习，既巩固了生词，又让学习者自然过渡到语言点学习环节。

3. 语言点

通过上一板块“听句子，将你听懂的意思说出来”这项练习，学习者先熟悉课文中含语言点的句子，然后再将语言点置于常用的句子或对话中，让学生在具体的语境中感知语言点的意义，并通过大量的例子加深其认知。教师可通过领读例句引导学生关注语言形式并理解其意义，在此基础上归纳语言点功能及形式特点，继而进入后续的“语法活动”环节。学生两人一组活动，教师巡视并随时指导。小组练习后，教师可请不同小组的成员具体展示并给予反馈。学生通过从控制式到半控制式的任务活动，在具体语境中尝试实践新的语言点，循序渐进，从懂到会，真正学会在交际中正确使用语言点。该板块建议 20 分钟左右完成。

4. 主课文与副课文

课文教学板块包括主课文和副课文，主课文为对话，副课文根据主课文的内容，将对话转换为陈述性短文。主课文后设计三个活动：一是朗读后回答问题，主要帮助学生理解课文含义，并操练课文的发音；二是字词填空练习；三是交际性活动，要求学生用汉语进行语言实践，并活用本课学习的语法和词汇。建议主课文及其相关练习用 40 分钟左右完成。

副课文则另有三个不同的练习任务：读课文，然后复述课文的意思；判断句子的对错；听课文，完成填空练习。建议副课文及其相关练习用 35 分钟左右完成。

5. 拓展练习

如果日课时为 3 课时，这一板块可作为课后作业；如果是 4 课时，则本板块可供第 4 节课使用。此板块为学生提供与主、副课文话题一致的材料，及包含本课语言点和主要词汇的听、说、读、写练习。具体而言，第一部分为听力练习，教师可引导学生先看问题，大致了解所听内容的情境、人物及话题内容。教师可根据学生的听力情况决定播放录音的次数，建议通过与学生互动的方式检测学生是否完全听懂。第二部分为阅读练习，学生正确完成后，如果时间充裕，可以让学生复述短文内容。拓展练习的前两部分建议在 45 分钟内完成。第三部分为写作训练，学生可在课后根据训练要求完成写作。

6. 聚宝盆

这是《速通汉语》教材专门为学习者准备的一块“自留地”，教材在每课的最后设置“聚宝盆”板块，提供一块空白的“板”，请学生添加这一课新学会的词语和句子。这个板块可以实现学习的成就感或超成就感，每个学习者可以根据自己的认知写下词语、句子，教师可以观察并予以个性化指导。“聚宝盆”板块可以请学生课后完成。

以上建议仅供各位教师参考，教师可在教学实践中根据本校课时安排、教学对象特点、学生需求、课堂实际情况等多方面因素进行调整，灵活取舍，以求取得最佳的教学效果。

语法术语缩略形式表
Abbreviations of Grammar Terms

缩略形式 Abbreviation	英文翻译 English	中文名称 Chinese
A	Adjective	形容词
Adv	Adverb	副词
Conj	Conjunction	连词
M	Measure Word	量词
N	Noun	名词
NP	Noun Phrase	名词词组
Nu	Numeral	数词
O	Object	宾语
PN	Proper Noun	专有名词
Pre	Prefix	前缀
Prep	Preposition	介词
Pron	Pronoun	代词
Pt	Particle	助词
Q	Quantifier	数量词
S	Subject	主语
Suf	Suffix	后缀
V	Verb	动词
VP	Verb Phrase	动词词组

目录

第一课

来几个家常菜吧

一、热身

1. 你能说说你的国家跟天气有关的饮食习惯吗？

2. 你知道中国人现在这个季节喜欢吃什么吗？季节与饮食的关系是怎样的？

二、词语

1	胃口	wèikǒu	N	appetite	没胃口 / 胃口好
2	家常菜	jiāchángcài		homely food	
3	下厨	xià chú		to cook	亲自下厨
4	拿手菜	náshǒucài		(one's) specialty dish	
5	传	chuán	V	to upload, to send	上传 / 传照片
6	羡慕	xiànmù	V	to admire, to envy	羡慕别人 / 非常羡慕
7	糟毛豆	zāomáodòu		green soybeans in rice wine sauce	
	毛豆	máodòu	N	green soybeans	
8	西红柿炒蛋	xīhóngshìchǎodàn		scrambled eggs with tomatoes	
	西红柿	xīhóngshì	N	tomato	
	炒	chǎo	V	to fry (a dish)	炒菜
9	炒三丝	chǎosānsī		fried three slices	

10	辣	là	A	spicy, hot	
11	水煮鱼	shuǐzhǔyú		spicy boiled fish	
	煮	zhǔ	V	to boil	煮蛋 / 煮咖啡
12	口福	kǒufú	N	luck to get something nice to eat	有口福
13	抢	qiǎng	V	to grab, to take ... from	
14	甜品	tiánpǐn	N	dessert	
15	绿豆汤	lǜdòutāng		mung bean soup	
16	柠檬茶	níngméngchá		lemon tea	
	柠檬	níngméng	N	lemon	
17	端	duān	V	to hold something level with both hands	端起杯子
18	糟	zāo	A	too bad	糟了

专有名词

1	李梅	Lǐ Méi	Li Mei, a person's name
2	艾玛	Àimǎ	Emma, a person's name
3	杰克	Jiékè	Jack, a person's name
4	赵亮	Zhào Liàng	Zhao Liang, a person's name

词语活动

1 看下面的文字或图片，根据文字或图片的意思，说一说是你学习的哪个词语，然后写在后面的括号里。

（1）自己做饭做菜　　（　　）

（2）一个人做得最好的菜 （ ）

（3）看到别人做得很棒，也希望自己那样 （ ）

（4）把自己的照片放到网上 （ ）

（5）发现情况不好了，“完了” （ ）

（6）

（ ）

（7）

（ ）

2 听句子，将你听懂的意思说出来。 01-1

（1）太好了，今天能尝到李梅的拿手菜！喝的我来带！

（2）啊，今天有口福了，水煮鱼我最爱了。

（3）杯子端起来，筷子拿起来，美味的晚餐吃起来！

（4）糟了！忙着做菜，米饭我忘了煮了。

三、语言点

宾语前置 Preposing the object

（1）在汉语里，动词的宾语可以放在句首，充当话题。例如：

In Chinese, the object of a verb can be put at the beginning of a sentence as the topic. For example:

① 喝的我来带！

② 米饭我忘了煮了。

③ 妈妈的话你一定要听。

（2）有时，动词的主语可以不出现。例如：

Sometimes, the subject of the verb doesn't appear. For example:

④ 杯子端起来，筷子拿起来，美味的晚餐吃起来！

⑤ 那本书看完了。

⑥ 我的手机丢了。

⑦ 生日蛋糕买来了。

⑧ 作业都做了吗？

语法活动

试着将下面句子中的宾语放到前面。

（1）我们都听明白了老师说的话。

____

（2）杰克读完了那本书。

____

（3）他爸爸看了昨晚的足球赛。

____

（4）我带了飞机票、护照和信用卡。

____

四、主课文

01-2

李梅：今天我请客，想吃点儿什么？

艾玛：天气太热了，没什么胃口，就来几个家常菜吧。

李梅：家常菜？那这样吧，你和杰克去我家，我叫上赵亮，今晚我亲自下厨。

杰克：太好了，今天能尝到李梅的拿手菜！喝的我来带！

（李梅家里，晚上 7:00。）

李梅：都饿坏了吧，再等十分钟，我们就可以开始吃饭了。

赵亮：李梅下厨，这菜一定好吃得不得了。我已经等不及了。

艾玛：别忙，先让我把每道菜都拍下来，一会儿传到网上，让我的朋友们羡慕羡慕。

杰克：第一道菜是？

李梅：糟毛豆，毛豆是这个季节的菜。

赵亮：第二道菜的颜色太好看了，这是我们常常吃的西红柿炒蛋。

艾玛：第三个菜我知道，是炒三丝，里面有青椒丝、土豆丝、肉丝。

杰克：这个菜里边煮的是什么？好像非常辣的样子。

李梅：我记得你们几个都说喜欢吃辣的，这是四川菜——水煮鱼。

赵亮：啊，今天有口福了，水煮鱼我最爱了，一会儿你们都别跟我抢啊！

艾玛：看起来好大一份，做这个菜需要不少鱼吧？

李梅：哈哈，这个菜如果只放鱼肉，就没那么美了，鱼肉下面有不少蔬菜。

杰克：能吃了吧？我看得肚子都饿了！

李梅：再煮五分钟。还有一道汤，是甜品——绿豆汤。主食是米饭。

杰克：这几个家常菜都是我的最爱，吃李梅的拿手菜，喝我自己做的柠檬茶。

赵亮：什么？你自己做的柠檬茶？

杰克：是啊，我做的柠檬茶，味道很特别，一会儿你们喝了就知道了。

李梅：好了，准备吃饭了！杯子端起来，筷子拿起来，美味的晚餐吃起来！

艾玛：等一等，我的习惯是要先有一碗米饭。

李梅：糟了！忙着做菜，米饭我忘了煮了。

课文活动

1 分角色朗读课文，然后回答下面的问题。

（1）李梅下厨，做了几道菜？分别是什么菜？

（2）你知道“炒”和“煮”有什么不一样吗？用汉语说出来。

（3）“有口福”是什么意思？课文里有口福的是谁？为什么？

2 试着不看课文，选择词语填空。

（1）今晚李梅亲自________厨。（上、下）

（2）艾玛把每道菜都拍下来，________到网上。（传、送）

（3）水煮鱼是非常________的菜。（甜、辣）

（4）杯子________起来，筷子________起来，美味的晚餐________起来！

（放、端、煮、吃、拿）

3 如果让你下厨，你会做什么拿手菜？介绍一下这个菜。一定要用上本课学到的语言点。

五、副课文

01-3

今天天气很热，大家都没什么胃口，李梅请杰克、艾玛和赵亮去她家，她亲自下厨，做她拿手的家常菜。杰克准备了他自己做的柠檬茶。李梅做了“四菜一汤”，第一道菜是糟毛豆，第二道菜是西红柿炒蛋，第三道菜是炒三丝——青椒丝、土豆丝、肉丝。前面的三个菜不但味道好，颜色也好看，让人一看就有胃口。第四个菜是水煮鱼，喜欢吃辣的赵亮太高兴了。还有一道汤，是甜品——绿豆汤。这个汤适合天气热的时候喝。艾玛说要把每一道菜都拍下来，传到网上给朋友们看。晚饭时间到了，杯子端起来了，筷子拿起来了，艾玛说，她的习惯是一定要有一碗米饭，然后再吃菜。这时候，李梅才想到，米饭忘了煮了。

课文活动

1 读课文，然后两人一组，把课文的意思复述给对方听。

2 不看课文，判断对错。

（1）今天因为天气热，他们不太想吃饭。（　　）

（2）李梅请艾玛、杰克和赵亮吃饭了。（　　）

（3）李梅做的家常菜有红有绿，有蔬菜也有肉，有辣的有甜的。（　　）

（4）水煮鱼很辣，里面没有蔬菜。（　　）

（5）米饭没有煮，因为李梅不喜欢吃米饭。（　　）

3 听课文，在下面句子中的空格里填写你听到的内容。（不会写的汉字可以写拼音）

（1）李梅做的第一道菜是（　　）毛豆。

（2）前面的三个菜不但（　　）道好，（　　）色也好看，让人一看就有胃口。

（3）李梅的（　　）手菜是“四菜一（　　）”。

（4）艾玛的习（　　）是一边吃米饭一边吃菜。

（5）（　　）三丝里面是青（　　）丝、土（　　）丝和（　　）丝。

六、拓展练习

1 听录音，回答问题。 01-4

（1）中国南方和北方的天气有什么不一样？

（2）南方人爱吃什么？北方人爱吃什么？

（3）湖南、贵州、四川在饮食上相同的习惯是什么？

（4）在中国，从南到北，一年四季，人们都喜欢吃的食物是什么？

2 阅读《天气与饮食》，回答问题。

人们的饮食习惯常常和天气有关系。中国南方空气湿润，雨水多，气温最适合水稻的生长；而北方天气寒冷，空气干燥，太阳照的时间长，最适合小麦的生长。所以南方人爱吃大米，北方人喜欢吃面食。中国的四川、湖南、贵州等地区，一年四季潮湿，冬天寒冷，少见阳光，所以这些地方的人们爱吃辣椒。中国有句话叫："湖南人不怕辣，贵州人辣不怕，四川人怕不辣。"

天气热的时候，人一般没有胃口，常常喜欢吃清淡的食物。而冬天天气太冷，人们需要很多热量，太清淡的食物热量不够，所以人们在吃蔬菜、水果的同时，会多吃一些鱼和肉。

当然，天气热的时候，人们也常常吃辣的，让自己的胃口好起来。所以，在中国，从南到北，一年四季，都有不少人喜欢吃四川菜，如水煮鱼、水煮牛肉、火锅等。

补充词语

1	湿润	shīrùn	A	moist, humid
2	水稻	shuǐdào	N	rice planted in paddy fields
3	小麦	xiǎomài	N	wheat
4	清淡	qīngdàn	A	(of food) light, not greasy or rich
5	火锅	huǒguō	N	hot pot

活动

两人一组，回答的一方要用括号里的词语说完整的句子。

（1）天气热的时候，你在中国南方会吃什么？（适合、大米、清淡）

（2）"湖南人不怕辣，贵州人辣不怕，四川人怕不辣。"请用同样的格式说一个句子。（不怕 A，A 不怕，怕不 A）

（3）天气热的时候有的人要吃辣的菜，冬天很多人也爱吃辣的菜，这是为什么？（胃口、热量、习惯）

3 写作训练。（课后练习）

你认为饮食跟天气的关系怎么样？在你的家乡，饮食跟天气的关系是什么样的？能不能写 150~200 字，介绍一下你的家乡的饮食跟天气的关系？

七、聚宝盆（写下这一课新学会的词语和句子）

第二课

说曹操，曹操到

一、热身

1. 你知道“说曹操，曹操到”是什么意思吗？请用汉语说说。

2. 你知道“执（zhí）子之手，与子偕（xié）老”是什么意思吗？请用汉语说出来。

二、词语

1	说曹操，曹操到	shuō Cáo Cāo, Cáo Cāo dào		to speak of the devil	
2	眼前	yǎnqián	N	before one's eyes	远在天边，近在眼前。
3	呗	bei	Pt	*used to show something is self-evident*	
4	参加	cānjiā	V	to take part in, to attend	参加聚会 / 参加婚礼
5	婚礼	hūnlǐ	N	wedding	
6	深刻	shēnkè	A	deep, profound	印象深刻
7	服装	fúzhuāng	N	clothing, garment, apparel	
8	式	shì		style	中式 / 西式 / 男式 / 女式
9	婚纱	hūnshā	N	wedding dress	

10	西装	xīzhuāng	N	(men's) suit	男士西装
11	中西合璧	zhōngxī-hébì		a combination of Chinese and Western elements	
12	合并	hébìng	V	to merge, to combine	
13	平时	píngshí	N	at ordinary times	
14	成语	chéngyǔ	N	idiom, set phrase	
15	俗语	súyǔ	N	(common) saying, folk adage	
16	特殊	tèshū	A	special	比较特殊
17	执子之手，与子偕老	zhí zǐ zhī shǒu, yǔ zǐ xiélǎo		to hold my lover's hand and grow old together with him/her	
18	广泛	guǎngfàn	A	wide, extensive	广泛使用

专有名词

杭州	Hángzhōu	Hangzhou, a Chinese city

词语活动

1 看下面的文字或图片，根据文字或图片的意思，说一说是你学习的哪个词语，然后写在后面的括号里。

（1）说到那个人，那个人正好来了　　（　　）

（2）中式和西式中好的在一起　　（　　）

（3）不一般，特别　　（　　）

（4）一个人加入一个活动中　　（　　）

（5）

（　　）

（6）

（　　）

2　听句子，将你听懂的意思说出来。 02-1

（1）什么是“说曹操，曹操到”？

（2）这个周末的读书会，没有见到你，大家想你了呗！

（3）中国人的婚礼服装很有意思，既有西式的婚纱和西装，又有中式的服装。这叫中西合璧。

（4）这个周末在朋友的婚礼上，我听到新郎对新娘说“执子之手，与子偕老”。

（5）此话怎讲？

三、语言点

书面语与口语 Written language and spoken language

汉语里书面语和口语在表达方式上有区别。成语和俗语可以用于书面语，也可以用于口语，但成语主要用于书面语。比较：

Written Chinese and spoken Chinese differ in their ways of expression. Idioms and sayings can be used in both written Chinese and spoken Chinese, but idioms are mostly used in written Chinese. Compare:

① A. 说曹操，曹操到。

B. 说到他，他就出现了。

② A. 执子之手，与子偕老。

B. 跟你相爱结婚了，就要相爱相守到老。

③ A. 此话怎讲？

B. 这话是什么意思？

A 常常用于书面语，B 是口语里的说法。

A is often used in written Chinese, while B is used in spoken Chinese.

语法活动

试着把下面句子中的书面语找出来。

（1）有人说："人可一日无食，但不可一日无书。"

（2）在海关，工作人员对我说："请出示您的护照！"

（3）好就是好，不好就是不好。说话不要口是心非。

（4）艾玛日日夜夜想念妈妈做的菜。

四、主课文

02-2

赵亮：你们这两天见到艾玛了吗？

李梅：没见到，我也正想问你们俩呢。

杰克：艾玛最近很忙，听说她周末去杭州了。

（这时，艾玛走进教室。）

李梅：哎呀，说曹操，曹操到！

艾玛：李梅，什么是"说曹操，曹操到"？

李梅：意思是，我们正说到你，你就出现在我们眼前了。

艾玛：哦，你们是不是说我什么坏话了？

赵亮：哈哈！如果你没有做什么坏事，我们怎么能说你坏话？

杰克：艾玛，这个周末的读书会，没有见到你，大家想你了呗！

艾玛：是这样啊。我这个周末去杭州了，参加一个中国朋友的婚礼。这是我第一次参加中国人的婚礼，好热闹啊！

赵亮：艾玛，你第一次参加中国人的婚礼，留下了哪些深刻的印象？

艾玛：中国人的婚礼服装很有意思，既有西式的婚纱和西装，又有中式的服装。

李梅：这叫中西合璧。

杰克：中西合并？

赵亮：杰克，李梅说的是“中西合璧”，不是“中西合并”。

杰克：此话怎讲？我怎么觉得今天大家说话用词很不一样啊，不像平时说话。

李梅：“中西合璧”意思是把东方和西方好的东西放在一起。这是一个成语，前面我们说的“说曹操，曹操到”是俗语，成语和俗语都是汉语中比较特殊的一类。

艾玛：成语和俗语在汉语中多不多？

李梅：多啊，我们有成语词典，也有收集俗语的词典呢。

艾玛：对了，这个周末在朋友的婚礼上，我听到新郎对新娘说“执子之手，与子偕老”，这是成语还是俗语？

赵亮：成语一般由四个字组成，也有像“执子之手，与子偕老”这样由更多字组成的。“执子之手，与子偕老”来自中国古代诗歌，意思是牵着你的手，一直到老。俗语是人们在生活中长时间广泛使用形成的说法。

杰克：原来是这样。看来，我和艾玛今天又学到不少新词——俗语和成语。

李梅：是啊，汉语中的成语和俗语可不少。

课文活动

1 分角色朗读课文，然后回答下面的问题。

（1）艾玛周末去杭州干什么？

（2）中国人的婚礼服装怎么样？

（3）这一课出现的成语和俗语你能说出来吗？

2 试着不看课文，根据拼音写出汉字。

（1）我们正说到你，你就出现在我们________（yǎnqián）了。

（2）艾玛这个周末去杭州________（cānjiā）了一个中国朋友的婚礼。

（3）赵亮问艾玛对中国人的婚礼有什么________（shēnkè）的印象。

（4）中国人的婚礼可以说是________________（zhōngxī-hébì）。

（5）成语和俗语在汉语中比较________（tèshū）。

（6）俗语是人们在生活中长时间________（guǎngfàn）使用形成的说法。

3 看下面的图片，说说书面语或口语怎么说。

（1）

____

（2）

____

（3）

____

（4）

____

五、副课文

02-3

这个周末，赵亮、李梅和杰克去参加读书会，没见到艾玛。赵亮问艾玛去哪儿了，杰克说艾玛最近很忙，周末去杭州了。说曹操，曹操到。艾玛正好走过来，她先问“说曹操，曹操到”是什么意思，李梅告诉她，意思是正说到一个人，这个人就出现了。

艾玛周末去杭州参加一个中国朋友的婚礼了。这是她第一次参加中国人的婚礼，觉得很有意思。中国人的婚礼服装既有中式的，也有西式的，真是中西合璧。“中西合璧”这个词也是李梅教给艾玛和杰克的。

艾玛和杰克明白了，汉语的口语和书面语是不一样的，中国人常常用成语和俗语。对了，这次去杭州，艾玛还学会一个成语“执子之手，与子偕老”，意思是跟一个人牵手结婚，就要和他相爱到老。

课文活动

1 读课文，然后两人一组，把课文的意思复述给对方听。

2 不看课文，判断对错。

（1）这个周末有读书会，李梅、赵亮、杰克去了。（ ）

（2）艾玛去杭州旅行，没参加中国朋友的婚礼。（ ）

（3）正在说杰克的时候，杰克来了。（ ）

（4）中国人的婚礼服装可以说是中西合璧。（ ）

（5）“执子之手，与子偕老”这个成语是对朋友说的。（ ）

3 听课文，在下面句子中的空格里填写你听到的内容。(不会写的汉字可以写拼音)

（1）艾玛（ ）很忙，她（ ）去杭州了。

（2）说曹操，曹操到。艾玛（ ）走过来。

（3）这是她第一次参加中国人的（　　），觉得很有（　　）。

（4）汉语中的（　　）和书面语是不一样的。

（5）这次去杭州，艾玛还学会一个（　　）“执子之手，与子偕老”。

六、拓展练习

1 听录音，回答问题。 02-4

（1）一天，老虎饿了，它做了什么事？

（2）狐狸为什么说老虎不敢吃它？

（3）狐狸和老虎接下来做什么了？

（4）你觉得这个故事中的老虎和狐狸有什么特点？

2 阅读《狐假虎威》，回答问题。

中国古代有一本有名的书中记载着这样一个故事。一天，老虎饿了，想去捉一些动物作为食物，正好捉到一只狐狸。老虎正准备吃掉狐狸，狐狸说：“你是不敢吃我的，因为上天让我来做所有动物的大王，也就是‘百兽之王’。你要是吃了我，不就是不听上天的命令了吗？”老虎听了以后，半信半疑，肚子饿得叫起来。狐狸看出老虎的心思，接着说：“你要是不相信我说的话，我们可以去森林里走走，你跟在我身后，看看别的动物见到我，会不会因为害怕而逃走。”老虎接受了狐狸的建议，跟在狐狸的身后，一起在森林里走，别的动物见到它们，马上逃走了。老虎想，原来狐狸说的是真的，就不敢吃狐狸了。其实，老虎不明白，别的动物逃走，不是因为害怕狐狸，而是怕它啊。这个故事后来变成一个成语“狐假虎威”。

补充词语

1	记载	jìzǎi	V	to record, to put down in writing
2	狐狸	húli	N	fox
3	半信半疑	bànxìn-bànyí		to dubitate, to be dubious

4	逃走	táozǒu	V	to escape
5	狐假虎威	hújiǎhǔwēi		to bully people by flaunting one's powerful connections

活动

两人一组，回答的一方要用括号里的词语说完整的句子。

（1）老虎打算吃狐狸，狐狸想到了什么主意？（上天、百兽之王、命令）

（2）老虎为什么接受狐狸的建议？（半信半疑、森林、害怕、逃走）

（3）短文里有几个书面语表达？试着说出来。

3 写作训练。（课后练习）

接着上面“狐假虎威”的故事写下去，试着写 150 ~ 200 字，看看最后老虎会怎么样。

七、聚宝盆（写下这一课新学会的词语和句子）

第三课

我们爱运动

一、热身

1. 有人喜欢运动，有人不喜欢。你呢？

2. 介绍一种你喜欢的运动，说一说这种运动对身体有什么好处，要注意什么问题。

二、词语

1	健身	jiànshēn	V	to do bodybuilding exercise, to work out	
2	嘛	ma	Pt	*used to form a pause in a sentence before introducing the theme of what one is going to say*	
3	羽毛球	yǔmáoqiú	N	badminton	打羽毛球
4	马拉松	mǎlāsōng	N	marathon	
5	体育馆	tǐyùguǎn	N	gymnasium, stadium	
6	约	yuē	V	to make an appoinment, to invite in advance	约好时间 / 约朋友
7	运动鞋	yùndòngxié		sneakers	
8	高手	gāoshǒu	N	ace, master, person who is very good at doing something	
9	业余	yèyú	A	amateur	业余运动员 / 业余时间
10	肌肉	jīròu	N	muscle	

11	热身	rè shēn	VO	to warm up	
12	查	chá	V	to look up information in a dictionary or by using a computer	查生词 / 查一下
13	白	bái	Adv	in vain	白跑了 / 白吃了
14	美食	měishí	N	delicacy, gourmet food	
15	健康	jiànkāng	A	healthy	
16	体重	tǐzhòng	N	(body) weight	
17	共同	gòngtóng	A&Adv	common; together	共同爱好 / 共同努力

词语活动

1 看下面的文字或图片，根据文字或图片的意思，说一说是你学习的哪个词语，然后写在后面的括号里。

（1）好吃的东西 （ ）

（2）打球或者跑步穿的鞋 （ ）

（3）运动开始前要做的事情 （ ）

（4）一个人身体好，心理也没有问题 （ ）

（5）属于大家的，都具有的 （ ）

（6）技术、水平很好的人 （ ）

（7）花很多时间，很努力，但是没成效 （ ）

（8）

（ ）

（9）

（ ）

2 听句子，将你听懂的意思说出来。 03-1

（1）我可跑不动。游泳嘛，我还没学会呢。

（2）羽毛球我打不好。杰克打得好。

（3）一听你们俩对话，就知道都是跑步高手，对跑鞋都有研究。

（4）赵亮每年都要跑一次业余马拉松，最好成绩是跑进比赛的前五名呢。

（5）晚上我请大家吃饭，我在网上查到一家好吃的店，艾玛和杰克一定会喜欢。

（6）我周末买来了跑步的运动鞋。

三、语言点

补语小结（一）：结果补语、趋向补语和可能补语

Summary of complements (1): Result complements, directional complements and potential complements

（1）结果补语。（见初级第4册第2、4课）

Result complements (Refer to Lesson 2 and Lesson 4, Book 4)

① 游泳嘛，我还没学会呢。

② 我在网上查到一家好吃的店。

③ 我对跑步有兴趣，但还没跑过马拉松。

（2）趋向补语。（见初级第4册第3课）

Directional complements (Refer to Lesson 3, Book 4)

④ 赵亮每年都要跑一次业余马拉松，最好成绩是跑进比赛的前五名呢。

⑤ 我周末买来了跑步的运动鞋。

⑥ 看上去还很新，还能再跑200公里。

（3）可能补语。（见初级第4册第5课）

Potential complements (Refer to Lesson 5, Book 4)

⑦ 我可跑不动。

⑧ 羽毛球我打不好。杰克打得好。

⑨ 行李太重了，我拿不上去。

语法活动

请根据例子，将两个句子用结果补语、趋向补语或可能补语合并成一个句子。

例：他吃了一个苹果。苹果没有了。

他吃完了一个苹果。（结果补语）

（1）小王去买电影票。小王买了两张电影票。

____________________（V＋到　结果补语）

（2）我听老师说话。我明白了老师说的话。

____________________（V＋明白　结果补语）

（3）妈妈给我打电话。妈妈的电话来了。

____________________（V＋来　趋向补语）

（4）哥哥包里有 100 元。哥哥拿 100 元给我。

____________________（V＋出来　趋向补语）

（5）李梅跑步。李梅可以跑马拉松。

____________________（V＋得＋了　可能补语）

（6）你买的菜太多了。我只能吃一点儿。

____________________（V＋不＋完　可能补语）

四、主课文

03-2

李梅：艾玛，下午没课，我们一起去健身吧？

艾玛：好啊，我已经快一个月没好好儿运动了，我们去跑步还是游泳？

李梅：我可跑不动。游泳嘛，我还没学会呢。我会打羽毛球。

艾玛：羽毛球我打不好。杰克打得好，要不你跟他一起去打羽毛球。我喜欢跑步和游泳。

李梅：赵亮也喜欢跑步，他每年都参加马拉松比赛，成绩还不错呢！那我给他俩打电话，看看下午能不能一起去运动。

（李梅分别给赵亮和杰克打了电话，说好下午三点一起去运动。下午三点，他们在体育馆门口见面了。）

杰克：李梅，你喜欢打羽毛球，太好了。以后我们每个星期约时间打一到两次吧。

李梅：行啊，艾玛说你打得很好，我要向你学习。

艾玛：我周末买来了跑步的运动鞋，今天第一次穿。赵亮的鞋子一看就是适合跑步的。

赵亮：我穿着这双鞋已经跑了200多公里了，不是新的了。

艾玛：是吗？看上去还很新，还能再跑200公里。

杰克：一听你们俩对话，就知道都是跑步高手，对跑鞋都有研究。

李梅：是啊，赵亮每年都要跑一次业余马拉松，最好成绩是跑进比赛的前五名呢。

艾玛：看看赵亮的肌肉就知道他是运动高手。我对跑步有兴趣，但还没跑过马拉松。

杰克：我为什么就不喜欢跑步呢？打羽毛球可以，怎么打都不累。

李梅：啊？杰克，你打羽毛球打得一定很好。我每次只打一个小时，第二天都感觉很累。

赵亮：这样吧，我们先去热身。然后，跑步的跑步，打球的打球。晚上我请大家吃饭，我在网上查到一家好吃的店，艾玛和杰克一定会喜欢。

艾玛：太棒了，晚上有好吃的。不过，今天是不是白跑了？

杰克：艾玛，你担心什么？我比你胖多了，我们喜欢运动，也喜欢美食。健康生活，不考虑体重。

李梅：一说吃的，我们就有共同的兴趣。还是抓紧时间，赶快去热身，然后运动吧。

课文活动

1 分角色朗读课文，然后回答下面的问题。

（1）谁是跑步高手？为什么？

（2）李梅羽毛球打得怎么样？

（3）他们运动结束以后，晚上要做什么？

2 试着不看课文，选译词语填空。

（1）艾玛喜欢的运动是________和________。（打羽毛球、跑步、游泳）

（2）赵亮喜欢跑步，他每年都参加业余马拉松比赛，最好成绩是跑________比赛前五名。（出、进）

（3）杰克不喜欢跑步，但是打羽毛球怎么打都不________。（累、高手）

（4）赵亮晚上请客，艾玛担心今天________跑了。（黑、白）

3 介绍一下你最喜欢的运动。一定要用上本课学到的语言点。

五、副课文

03-3

今天下午没有课，李梅约艾玛一起去健身，但是她俩喜欢的运动不一样。艾玛喜欢跑步和游泳，李梅喜欢打羽毛球。李梅说赵亮爱跑步，艾玛说杰克羽毛球打得很好。所以，李梅给杰克和赵亮打电话，约他们下午三点在体育馆门口见面，几个人一起去运动。

赵亮是跑步高手，每年都要参加业余马拉松比赛，最好的成绩是跑进比赛前五名。艾玛也不差，艾玛买来了新的跑鞋。赵亮的跑鞋很专业，已经穿着跑了200多公里的跑鞋，看上去还是新的。杰克不喜欢跑步，但是他喜欢打羽毛球，而且他自己说，打羽毛球怎么打都不累。李梅说自己要向杰克学习，她每次打羽毛球打一个小时，第二天就会感觉很累。

他们四个人先一起热身，然后艾玛跟赵亮去跑步，李梅和杰克去打羽毛球。赵亮在网上查到一家好吃的店，晚上要请大家吃饭。大家都很喜欢美食。艾玛开玩笑说，赵亮晚上请大家吃好吃的，今天下午就白跑了。杰克认为自己比艾玛胖多了，大家爱运动，爱美食，健康生活才是最重要的。

课文活动

1 读课文，然后两人一组，把课文的意思复述给对方听。

2 不看课文，判断对错。

（1）李梅喜欢跑步，艾玛羽毛球打得不错。（ ）

（2）艾玛和赵亮的跑鞋都非常专业。（ ）

（3）杰克会跟赵亮一起去跑马拉松。（ ）

（4）李梅打羽毛球每次最多打一个小时，不然第二天会很累。（ ）

（5）他们晚上要去吃饭的店是赵亮去吃过的。（ ）

（6）他们四个人爱运动，也爱美食。（ ）

3 听课文，在下面句子中的空格里填写你听到的内容。（不会写的汉字可以写拼音）

（1）今天下午没有课，李梅（ ）艾玛一起去健身。

（2）李梅说赵亮爱（ ），艾玛说杰克羽毛球（ ）得很好。

（3）赵亮是跑步（ ），每年都要参加业余马拉松（ ），最好的成绩是跑进比赛前五名。

（4）杰克（ ）喜欢跑步，但是他喜欢打羽毛球。

（5）赵亮在（ ）查到一家好吃的店，晚上要请大家吃饭。

（6）艾玛（ ）说，赵亮晚上请大家吃（ ）的，今天下午就白跑了。

六、拓展练习

1 听录音，回答问题。 03-4

（1）“我”是怎样开始晨跑的？第一次跑得怎么样？

（2）“我”已经坚持晨跑多长时间了？

（3）坚持晨跑，给“我”带来了哪些变化？

（4）用两三个句子说一说“我”晨跑以后的好处。

2 阅读《晨跑与生活》，回答问题。

我是个不喜欢运动的人，在朋友的带动下，我开始跟着他晨跑。还记得第一次晨跑时，我才跑了五分钟，就累得不行。朋友让我休息几分钟，接着跑。就这样，休息——跑——休息——跑，第一天运动了30分钟。第二次晨跑是三天以后，我怎么也不想去，朋友拉着我到了运动场，只好又跑起来。奇怪的是，这一次比上次好一点儿，跑的时间长了，休息的时间减少了。

接下来，我就跟着朋友练习晨跑，只要不下雨，我们就早起去跑步。已经一年半过去了，我的生活因为晨跑有了很多变化。第一，我的心变得安静了，跑步的时候，可以好好儿考虑很多问题。第二，我的精神比以前好了，同事和朋友说我每天都充满活力。第三，变得不怕困难了。每天晨跑，看起来很没有意思，其实锻炼的是一个人的性格，做每一件事都需要坚持，晨跑也是这样。第四，我的身材变得更好了，人变得比以前美了，身体更健康了。以前，我常常感冒，走路也常常感到累。晨跑以后，体重减了三公斤，也不怎么生病了。还有最重要的一点，晨跑以后，我做事情更认真了。不相信？那你也来跟我一起晨跑，跑一段时间就知道我说的是真的了。

补充词语

1	带动	dàidòng	V	to guide or direct somebody to achieve an objective
2	晨跑	chén pǎo		morning jogging
3	精神	jīngshen	N&A	vigour, vitality, drive; spirited

4	活力	huólì	N	vigour, vitality
5	身材	shēncái	N	figure, stature

活动

两人一组，回答的一方要用括号里的词语说完整的句子。

（1）第二次晨跑，“我”感觉怎么样？（怎么也不……、拉、奇怪的是）

（2）“我”一年半以前是什么样子的？

（安静、考虑、困难、身材、体重、精神、美）

（3）看完这篇文章，你怎么看晨跑这项运动？（锻炼、生活、性格）

3 写作训练。（课后练习）

你认为每个人都适合跑步吗？为什么？请用 150 ~ 200 字写出你的看法和建议。

七、聚宝盆（写下这一课新学会的词语和句子）

第四课

自助游

一、热身

1. 你知道的年轻人喜欢的旅行方式有哪些？能不能介绍一下你印象最深的一次旅行？

2. 你知道“自助游”的意思吗？自助游要做哪些准备工作？

二、词语

1	自助游	zìzhùyóu	V	DIY tour	
	自助	zìzhù	V	to depend on oneself; self-service	自助餐
2	假期	jiàqī	N	vacation, holiday	
3	欣赏	xīnshǎng	V	to appreciate, to enjoy	
4	功课	gōngkè	N	homework, assignment, preparation	做功课
5	攻略	gōnglüè	N	strategy, tip/tips	查攻略
6	方式	fāngshì	N	way, manner	运动方式
7	读万卷书，行万里路	dú wàn juàn shū, xíng wàn lǐ lù		reading a lot and traveling a lot	
8	见闻	jiànwén	N	knowledge, what one sees and hears	
9	挑选	tiāoxuǎn	V	to select, to choose	
10	西瓜	xīguā	N	watermelon	

11	支付	zhīfù	V	to pay (money)	
12	古城墙	gǔchéngqiáng		ancient city wall	
13	兵马俑	bīngmǎyǒng	N	terracotta warriors and horses	

专有名词

西安	Xī'ān	Xi'an, a Chinese city

词语活动

1 看下面的文字或图片，根据文字或图片的意思，说一说是你学习的哪个词语，然后写在后面的括号里。

（1）看见和听到的事情　（　　）

（2）作业　（　　）

（3）选择合适的（东西或者人）　（　　）

（4）认为好；喜欢　（　　）

（5）开展工作等的计划或方法　（　　）

（6）读很多书，去很多的地方　（　　）

（7）

（　　）

（8）

（　　）

2 听句子，将你听懂的意思说出来。 04-1

（1）他书读得多，世界各地跑得也多，而且旅行见闻写得很好，方便以后想去旅行的人们。

（2）还没去呢，你已经想得很美了。

（3）你自助游去过多少个地方？

（4）我见过赵亮爸爸一次。

（5）赵亮爸爸的菜做得也好吃啊，我都吃过好几回了。

（6）西安我很小的时候去过一次。

（7）我也同意，西安古城墙我们要去走一回，西安的小吃我们要吃几次，西安的兵马俑我们要去看一次……

三、语言点

补语小结（二）：情态补语和数量补语

Summary of complements (2): Modal complements and complement of quantity

（1）情态补语用来描述、评价相应的行为动作或状态，放在动词（有时是形容词）后面。（见初级第 3 册第 6 课）

A modal complement, following a verb (sometimes an adjective), is used to describe or evaluate the corresponding action or state. (Refer to Lesson 6, Book 3)

① 他书读得多，世界各地跑得也多，而且，旅行见闻写得很好。

② 你已经想得很美了。

③ 赵亮爸爸的菜做得也好吃啊。

（2）数量补语包括动量补语、时量补语、比较数量补语三种。（动量补语见初级第 3 册第 3 课）

Complements of quantity fall into three types, i.e., complements of frequency, complements of duration and comparative complements of quantity. (Refer to Lesson 3, Book 3 for complements of frequency)

④ 我见过赵亮爸爸一次。

⑤ 西安古城墙我们要去走一回，西安的小吃我们要吃几次，西安的兵马俑我们要去看一次。

⑥ 我从学校到宿舍走了二十分钟。

⑦ 今天的气温比昨天低十度。

语法活动

将下面的句子用情态补语或者数量补语说出来。

（1）我身高165厘米，他身高176厘米。

________________（数量补语）

（2）这个星期一我见了朋友，星期三我又见了这个朋友。

________________（数量补语）

（3）这本书我三年前读了一遍，今年又读了一遍。

________________（数量补语）

（4）小王在唱歌，很多人都喜欢小王的歌。

________________（情态补语）

（5）他们在听音乐，他们说这音乐让他们开心。

________________（情态补语）

（6）艾玛在写汉字，艾玛的汉字很漂亮。

________________（情态补语）

四、主课文

04-2

杰克： 赵亮，听李梅说，你很喜欢旅行，而且只喜欢自助游。

赵亮： 李梅说得没错，我一到假期，就喜欢自己背着包去旅行。

艾玛： 看来，赵亮是真正对旅行感兴趣的人。我比较欣赏喜欢自助游的人，因为自助游需要自己做好很多准备，出发之前，要做很多功课。

李梅： 是啊，要在旅行之前上网查别人做好的攻略，再根据自己的兴趣选择。我也喜欢旅行，但不爱做功课，所以有时候我选择跟旅行社去，有时候我选择自助游。

杰克： 看来我们都喜欢旅行，只是旅行的方式会有点儿不同。

艾玛：赵亮，你自助游去过多少个地方？

赵亮：中国我没去过的地方不多，国外我也到过很多国家和地区。

李梅：中国古人说，一个人应该“读万卷书，行万里路”。赵亮好像真的是这样，他书读得多，世界各地跑得也多，而且旅行见闻写得很好，方便以后想去旅行的人们。

赵亮：我喜欢旅行跟我爸爸有很大的关系。我小时候，爸爸只要有空儿，就会带着我们全家去旅行。钱不多，就去近一点儿的地方；钱够了，就去远一点儿的地方。

杰克：你爸爸一定是个很热爱生活的人。

艾玛：我见过赵亮爸爸一次，那次是在超市吧，赵亮爸爸还教我怎么挑选西瓜呢。

李梅：赵亮爸爸的菜做得也好吃啊，我都吃过好几回了。

赵亮：你们这样表扬我爸爸，我回去一定转告他。说真的，我爸爸最喜欢的还是旅行。我跟我爸爸一样，喜欢自助游。

杰克：我也常常自助游。去一个地方之前，先了解那里的各种信息，风景、名胜、美味小吃、交通、宾馆、天气等等；然后自己安排路线，订机票、火车票、酒店等。当然，最重要的要准备好一张银行卡。

艾玛：银行卡？现在在中国不是可以手机支付吗？带着手机就行了。

李梅：看来你们都很会生活。自助游有什么好处？

赵亮：自助游能让人随时保持对自然、对生活的热情，锻炼一个人独立的能力。我选择自助游，感觉最大的好处是可以在旅行中“阅读”，学会很多书本里没有的东西。

艾玛：再过几天就要放假了，我们四个人能不能一起去自助游一次？地方嘛，我想去西安。

杰克：好啊，好啊，西安我很小的时候去过一次，这次跟你们一起自助游一定很有意思！

李梅：我也同意，西安古城墙我们要去走一回，西安的小吃我们要吃几次，西安的兵马俑我们要去看一次……

赵亮：还没去呢，你已经想得很美了。那就这么定了，我先做个计划，我们分别去做一些准备工作。这次自助游，一定会给我们留下深刻的记忆。

课文活动

1 分角色朗读课文，然后回答下面的问题。

（1）艾玛说比较欣赏喜欢自助游的人，是什么意思？

（2）你怎么看“读万卷书，行万里路”这个说法？

（3）自助游有什么好处？

（4）一说到西安，李梅想到了西安的什么？

2 试着不看课文，选择词语填空。

（1）我________到假期，________喜欢自己背着包去旅行。

（才……就……、一……就……）

（2）旅行见闻写得很好，________以后想去旅行的人们。（方便、便利）

（3）现在在中国买东西可以手机________。（支持、支付）

（4）赵亮爸爸还教我怎么________西瓜。（挑选、选择）

（5）这次自助游，一定会给我们留下________的记忆。（深深、深刻）

3 说到旅行，你最喜欢的地方是哪里？你过去那里几次？如果不止一次，你多长时间之后去的第二次？请用这一课学到的语言点说一说。

五、副课文

04-3

中国古人说，一个人应该“读万卷书，行万里路”。意思是不但应该多读各种书，还应该多去不同的地方走走、看看。赵亮书读得多，也喜欢旅行；中国去的地方很多，国外也去了不少地方。赵亮每次旅行回来都写旅行见闻，写得好极了。如果你想去赵亮去过的地方旅行，先读读他的旅行见闻吧。

赵亮喜欢自助游，只要有假期，他就自己背着包去旅行。他从小受到爸爸的影响，他爸爸只要有空儿，就带着全家去旅行。钱不多，就去近一点儿的地方；钱够了，就去远一点儿的地方。赵亮觉得自助游让他随时保持对自然、对生活的热情，锻炼自己独立的能力；还可以在旅行中“阅读”，学会很多书本里没有的东西。

但是自助游要做很多准备，比如，你要去的地方风景怎么样，小吃、交通、宾馆、天气怎么样。要先了解信息，然后自己安排路线，订机票、火车票、酒店等。当然，还要准备好一张银行卡。不过，在中国，很多地方已经可以用手机支付了。

这个假期，赵亮打算跟几位同学一起去西安自助游。同学们知道赵亮是个自助游高手，心里想着：西安的古城墙要走一回，西安的小吃要吃几次，兵马俑一定要去看一次。赵亮会做一个计划，让大家分别做一些准备。

课文活动

1 读课文，然后两人一组，把课文的意思复述给对方听。

2 不看课文，判断对错。

（1）因为赵亮读了很多书，所以他也喜欢去旅行。 （ ）

（2）赵亮不但喜欢自助游，也喜欢写旅行见闻，他的旅行见闻写得好极了。（　　）

（3）赵亮的爸爸也喜欢一个人自助游。（　　）

（4）自助游有很多好处，自助游不需要做很多准备。（　　）

（5）在行走中"阅读"，就是一边走路一边读书。（　　）

3 听课文，在下面句子中的空格里填写你听到的内容。（不会写的汉字可以写拼音）

（1）赵亮每次旅行回来都写旅行见闻，写得（　　）。

（2）赵亮觉得自助游让他（　　）保持对自然、对生活的热情，（　　）自己独立的能力。

（3）但是自助游要做很多（　　），比如，你要去的地方（　　）怎么样，小吃、交通、宾馆、天气怎么样。要先（　　）信息，然后自己（　　）路线，订机票、火车票、酒店等。

（4）西安的古城墙要走（　　），西安的小吃要吃（　　），兵马俑一定要去看（　　）。

六、拓展练习

1 听录音，回答问题。 04-4

（1）什么样的旅行叫"走马观花"？

（2）深度游要花时间和精力做什么？

（3）这篇文章介绍了深度游的几种收获？分别是什么？

2 阅读《深度游》，回答问题。

我们都知道，旅行有不同的方式，有的人喜欢参加旅行社旅行，有的人喜欢自助游。有的人旅行，一次走很多地方，每个地方找个有名的风景看一下，吃点儿特色菜，然后就去下一个地方。这样的旅行，我们叫"走马观花"。有的人很享受旅行，喜欢安排好时间，到了一个地方住一段时间，好好儿欣赏一下这里的风景、这里的天气、这里的文化、这里人们的日常生活。等他离开这里的时候，对这里已经有了很深刻的印象。这样的旅行现在很多人都喜欢，这就是深度游。

深度游需要事先做准备，先要花时间和精力去查那个地方的信息，到了那里，还要自己想办法跟当地人做朋友，观察当地人的生活。这样的旅行是一种特别的经历。

深度游是一种不急着赶时间的旅行，是静下心来的旅行。深度游，总会有不同的收获。有的人到一个地方深度游，是为了欣赏那里的文化，比如听一场音乐会，去几次博物馆。有的人到一个地方深度游，是为了好好儿欣赏那里的风景，比如看几次太阳升起，观察几次太阳下山，早晨散几个小时的步，傍晚到森林里走几个小时的路。有的人到一个地方深度游，是为了吃那里的食物，比如，跟着当地人一起去一般的小店吃几回最普通的菜，去有名的店吃一次特色菜，去当地人常吃的店里吃一下家常菜。

如果你喜欢深度游，你一定是一个会发现美的人——发现一个地方的风景美、文化美，或者食物之美。

补充词语

1	旅行社	lǚxíngshè	N	travel agency
2	特色	tèsè	N	characteristic, distinctive feature
3	走马观花	zǒumǎ-guānhuā		to gain a superficial understanding through cursory observation
4	深度游	shēndùyóu		in-depth travel
5	精力	jīnglì	N	energy, vigour
6	音乐会	yīnyuèhuì		concert
7	博物馆	bówùguǎn	N	museum

活动

两人一组，回答的一方要用括号里的词语说完整的句子。

（1）深度游的话，旅行者一般会做什么？

（安排好、住一段、欣赏一下、深刻）

（2）为了一个地方的美食进行深度游，文章中说了哪三种例子？

（当地人、吃几回、有名的店、吃一次、吃一下、家常菜）

（3）深度游是什么样的旅行？（不急着、赶时间、静下心来、发现）

3 写作训练。（课后练习）

想一想给你留下深刻印象的一次旅行，请用 150 ~ 200 字介绍一下。要用到这一课学到的语言点。

七、聚宝盆（写下这一课新学会的词语和句子）

第五课

手机怎么了

一、热身

1. 你每天用手机吗？除了打电话，你还用手机干什么？

2. 你知道最早的手机是什么样子的吗？你觉得未来的手机会是什么样子的？

二、词语

1	响声	xiǎngshēng	N	sound	有响声
2	静音	jìng yīn		(of TV, cell phones, etc.) mute	
3	状态	zhuàngtài	N	status, condition	静音状态
4	落	là	V	to leave behind	落下
5	记得	jìde	V	to remember	
6	搁	gē	V	to put, to place	搁在这儿
7	可惜	kěxī	A	It's a pity.	很可惜
8	细心	xìxīn	A	careful	
9	随手	suíshǒu	Adv	(to do something) at somebody's convenience, randomly	随手一放
10	语气	yǔqì	N	mood, tone	
11	秘密	mìmì	N&A	secret	
12	藏	cáng	V	to hide	藏起来

13	座位	zuòwèi	N	seat	
14	吓	xià	V	to scare, to startle	吓了一跳
15	虚惊一场	xūjīng-yìchǎng		false alarm	

词语活动

1 看下面的文字或图片，根据文字或图片的意思，说一说是你学习的哪个词语，然后写在后面的括号里。

（1）把东西忘在一个地方 （　　）

（2）没忘记 （　　）

（3）不让别人知道的事情 （　　）

（4）放在别人找不到的地方 （　　）

（5）很担心，但是没什么事 （　　）

（6）

（　　）

2 听句子，将你听懂的意思说出来。 05-1

（1）就几分钟的时间，我把手机放哪儿了？

（2）你是不是把李梅的手机藏起来了？

（3）下地铁的时候，李梅把手机落在地铁座位上了。

（4）她的手机怎么能被我藏起来？

（5）李梅、艾玛和我都被吓了一跳。

（6）手机大家都收好。

三、语言点

“把”字句、“被”字句和宾语前置句小结

Summary of the 把 -sentence, 被 -sentence and the prepositive object sentence

（1）“把”字句（见初级第 4 册第 7、8 课）一般表示对确定的对象实施某种行为，使之受到某种影响，产生某种变化。“把”字句的常见小类有：

A 把-sentence (Refer to Lesson 7 and Lesson 8, Book 4) usually indicates that somebody does something to a certain object in order to affect or change it. Here are the main types of 把 sentences:

A. S + 把 + O + V + 结果补语 / 趋向补语 / 状态补语

① 请把课本打开。

② 我把电脑放进去。

③ 我们把房间打扫得干干净净。

B. S + 把 + O + V + 了

④ 糟糕！我把钱包丢了！

C. S + 把 + O + V + 在 / 到 / 给 +……

⑤ 你把花儿放在花瓶里吧。

（2）“被”字句（见初级第 4 册第 9 课）一般只用来表示不如意的事件，特别是在口语中。

Most of 被-sentences (Refer to Lesson 9, Book 4), especially in spoken Chinese, are used to refer to something unsatisfactory. For example:

⑥ 碗被我打破了。

⑦ 碗被打破了。

在口语里“被”也可以换成“叫”或“让”。但是“叫”或“让”的后面一定要带宾语。

In spoken Chinese, “被” can be replaced by “叫” or “让”, which, however, must be followed by an object.

⑧ 碗叫 / 让我（给）打破了。

（3）一部分“把”字句、“被”字句和宾语前置句（话题句）之间可以变换。如：

Some of the 把-sentences, 被-sentences and prepositive object sentences are exchangeable. For example:

⑨ A. 我把学生证丢了。

B. 学生证被我丢了。

C. 学生证丢了。

⑩ A. 他把杯子打破了。

B. 杯子被他打破了。

C. 杯子打破了。

⑪ A. 我把手机忘在家里了。

B. 手机被我忘在家里了。

C. 手机忘在家里了。

选择哪一种说法，要看上下文的需要。

It depends on the context as to which pattern to use.

语法活动

根据括号中的要求，将下面的句子用另一种说法说出来。

（1）我看完了这本书。（改成“把”字句）

______

（2）老师打开了门。（改成“把”字句）

______

（3）风很大，吹倒了树。（改成“被”字句）

______

（4）没有可乐了，杰克喝光了。（改成“被”字句）

______

（5）妹妹吃了我的面包。（改成宾语前置句）

______

（6）赵亮借走了我的电脑。（改成宾语前置句）

______

四、主课文

05-2

李梅：等一下，等一下，我的手机呢？

艾玛：刚才不是还用过吗？我看见你给别人打了电话啊。

李梅：是啊，就几分钟的时间，我把手机放哪儿了？

杰克：别着急，我给你打电话。听听响声，就知道在哪儿了。

李梅：哎呀，我的手机一般是静音状态。

赵亮：你看你，几分钟见不到手机，就着急了吧。

艾玛：刚才你打电话的时候，我们在地铁上，手机是不是被你落在地铁上了？

李梅：我不记得了，手机要是落在地铁上，就找不回来了。

杰克：别着急，再仔细找找，说不定放在包里了。

赵亮：现在什么都可以丢，手机不能丢。李梅，你打完电话，手机搁哪儿了？再想想。

艾玛：是啊，现在手机可有用了，我昨天一天买东西都是用手机支付的。

杰克：李梅，你的手机还是新的吧。没用几天，你就把它丢了，真可惜！

艾玛：李梅平时很细心，手机应该不会丢的。再找找。

赵亮：平时细心，今天就不一定了啊。李梅，你打完电话，手机随手放哪儿了？

李梅：不对啊，赵亮，你今天说话的语气不一样。我的手机是不是被你——

杰克：看样子，赵亮有秘密。

艾玛：赵亮，你是不是把李梅的手机藏起来了？

赵亮：藏起来？她的手机怎么能被我藏起来？用词不对啊。

李梅：赵亮，快说快说，我的手机在你那儿吗？

赵亮：今天要不是我，李梅的手机一定找不回来了。下地铁的时候，李梅把手机落在地铁座位上了，我想看看她什么时候想起来。

杰克：李梅不能一日无手机啊。

艾玛：我们几个人都是这样吧，现在的生活离不开手机。

李梅：我的手机里有很多照片，还有音乐，丢了我会难过的。谢谢赵亮，我的手机感谢你。

赵亮：啊？你的手机感谢我？手机知道吗？

杰克：李梅、艾玛和我都被吓了一跳。

艾玛：虚惊一场。好了，一会儿我们要进电影院了，手机大家都收好。记住，要静音啊。

课文活动

1 分角色朗读课文，然后回答下面的问题。

（1）李梅刚才在地铁上用手机做什么？

（2）李梅的手机怎么了？

（3）李梅的手机用了多久？

（4）赵亮有什么秘密？

（5）最后他们要做什么？

2 试着不看课文，选择词语填空。

（1）李梅的手机一般是静音________。（样子、状态）

（2）手机要是________在地铁上，就找不回来了。（落、留）

（3）李梅、杰克和艾玛都被吓了一跳，不过是________。

（真的有问题、虚惊一场）

（4）赵亮说李梅平时细心，今天就________了。（不一定、一定不）

3 说到用手机，你每天都会让手机静音吗？你什么时候关机？什么时候静音？请用这一课学到的语言点说一说。

五、副课文

05-3

李梅、艾玛、杰克和赵亮今天一起坐地铁去看电影。在地铁上，李梅拿出手机，给别人打了电话。他们下了地铁以后，没过多久，李梅想看看手机上的消息，但是手机找不到了。艾玛让李梅别着急，因为李梅在地铁上还打过电话呢。杰克说李梅可能把手机放在包里了，杰克想打李梅的手机，听听响声。但是李梅说，自己的手机一直是静音状态。

李梅的手机是新买的，才用了几天，要是丢了，就太可惜了。手机对现在的生活很重要，比如艾玛买东西就常常用手机支付。李梅的手机里有很多照片和音乐，如果丢了，她会很难过。赵亮让李梅多想想，打完电话把手机搁在哪里了，还说，李梅平时很细心，今天就不一定了。大家发现今天赵亮说话的语气很不一样，看来，赵亮有个秘密没说出来。艾玛认为赵亮把李梅的手机藏起来了。

赵亮说，李梅打完电话，手机随手放在地铁座位上，下地铁的时候忘了。赵亮把李梅的手机收起来，想看看李梅什么时候能想起来要用手机。李梅真的被吓了一跳，大家也都虚惊一场。不过，真的要感谢赵亮。快进电影院了，艾玛让大家把手机收好，而且要静音。

课文活动

1 读课文，然后两人一组，把课文的意思复述给对方听。

2 不看课文，判断对错。

（1）李梅打完电话，就把手机丢了。 （ ）

（2）杰克说李梅的手机就在包里，要打她的手机试试。（　　）

（3）李梅的手机才用了几天，还是新的。（　　）

（4）现在的生活每天都离不开手机。（　　）

（5）艾玛不会用手机支付。（　　）

（6）艾玛把李梅的手机藏起来了。（　　）

（7）赵亮的秘密是，下地铁的时候，他把李梅落在地铁上的手机收起来了，没有马上告诉李梅。（　　）

3 听课文，在下面句子中的空格里填写你听到的内容。（不会写的汉字可以写拼音）

（1）杰克打李梅的手机没用，因为李梅的手机一直是（　　）。

（2）大家认为李梅平时是个（　　）的人。

（3）下地铁的时候，李梅把手机（　　）在地铁上了。

（4）李梅的手机里有很多照片和音乐，如果丢了，她会很（　　）。

（5）赵亮让李梅多想想，打完电话把手机（　　）在哪里了。

（6）今天赵亮说话的（　　）很不一样。看来，赵亮有个（　　）没说出来。

六、拓展练习

1 听录音，回答问题。 05-4

（1）最早的手机是什么样子的？

（2）中国开始有手机是哪一年？

（3）请说一说你听到的手机名字。

2 阅读《变化中的手机》，回答问题。

今天人们的生活已经离不开手机了，可是你知道最早的手机是什么样子吗？1973年4月的一天，一个名叫马丁·库帕的男子站在纽约街头，拿

着一个有两块砖头大的无线电话进行通话实验。这个人就是“手机之父”。世界上第一台真正意义上的手机是摩托罗拉的，重 1 公斤多，充电 10 小时只能用半小时。

1987 年，手机进入中国，是摩托罗拉 3200，跟最早的手机样子、大小差不多，当时叫作“大哥大”。手机发展到现在已经经过了好几代。第一代手机只能打电话，而且效果不太好，因为太大，带在身上也不方便。第二代手机可以收发短信等。中国当时不少人使用爱立信和诺基亚手机，这两种手机里已经有简单的游戏，可以收发电子邮件。第三代智能手机可以上网，有了触摸屏。智能手机发展非常快，现在苹果、三星，还有中国的华为、小米、OPPO、vivo 等手机，不仅技术好，质量好，式样也美，方便人们使用。

手机的发展，把人与人之间的距离拉近了，人们的生活也被改变了。不管在公共汽车、地铁还是火车上，差不多每个人都在看手机。因为只要手机能上网，你就可以阅读，可以跟朋友联系，可以看电影、视频，可以导航，等等。手机方便了我们的生活，但是，跟家人在一起的时候，如果也一直看手机，会影响家人之间的关系。所以，要学会在合适的时候放下或者关掉手机。

补充词语

1	街头	jiētóu	N	street
2	砖头	zhuāntou	N	brick
3	充电	chōng diàn	VO	to charge a battery
4	游戏	yóuxì	N	game
5	智能	zhìnéng	A	intelligent, smart
6	触摸屏	chùmōpíng	N	touch screen

7	式样	shìyàng	N	style, pattern
8	视频	shìpín	N	video
9	导航	dǎoháng	V	to navigate

专有名词

1	马丁·库帕	Mǎdīng Kùpà	Martin Cooper, the inventor of the mobile phone
2	纽约	Niǔyuē	New York
3	摩托罗拉	Mótuōluólā	Motorola (MOTO), a famous mobile phone brand
4	爱立信	Àilìxìn	Ericsson, a famous mobile phone brand
5	诺基亚	Nuòjīyà	Nokia, a famous mobile phone brand

活动

两人一组，回答的一方要用括号里的词语说完整的句子。

（1）“大哥大”是什么？（第一代、重、效果、充电）

（2）第二代手机有什么变化？（收发短信、电子邮件、游戏）

（3）第三代手机有什么变化？（智能、上网、触摸屏）

（4）今天的智能手机对我们的生活产生了哪些影响？（拉近、改变、影响）

3 写作训练。（课后练习）

你每天都用手机吗？你每天用手机做什么？请将你每天用手机的情况，用150～200字介绍一下。要用到“把”字句、“被”字句和宾语前置句。

七、聚宝盆（写下这一课新学会的词语和句子）

第六课

爱的礼物

一、热身

1. 我们常常怎样表达对家人和朋友的爱？
2. 你收到过或者准备过哪些特别的爱的礼物？

二、词语

1	内行	nèiháng	N&A	old hand, master; knowledgeable about or experienced in an issue or certain work	
2	专家	zhuānjiā	N	expert	
3	经验	jīngyàn	N	experience	有经验 / 经验丰富
4	体现	tǐxiàn	V	to embody, to reflect	体现出来
5	真诚	zhēnchéng	A	sincere	很真诚 / 真诚地祝福
6	行动	xíngdòng	N&V	action; to take action	
7	性格	xìnggé	N	character, personality	
8	投其所好	tóuqísuǒhào		to cater to another person's preferences	
9	思考	sīkǎo	V	to think, to reflect on	思考问题
10	笔记	bǐjì	N	notes (of lectures, reports and readings)	记笔记 / 学习笔记

11	难题	nántí	N	difficult problem	一个难题
12	人类	rénlèi	N	mankind	
13	理想	lǐxiǎng	A&N	perfect; ideal	理想的办法 / 有理想
14	忍不住	rěnbuzhù		cannot help doing something	
15	交流	jiāoliú	V	to exchange, to communicate	
16	信息	xìnxī	N	information, message	个人信息 / 交流信息

词语活动

1 看下面的文字，根据意思说一说是你学习的哪个词语，然后写在后面的括号里。

（1）根据别人的爱好去说话和做事 （ ）

（2）读书或者上课时记下的想法和内容 （ ）

（3）不容易回答的问题 （ ）

（4）在某方面做得特别优秀的人 （ ）

（5）不应该说或者做，但还是说或做了 （ ）

（6）满意的，希望中的 （ ）

（7）内心怎么想就怎么说，不骗人 （ ）

2 听句子，将你听懂的意思说出来。 06-1

（1）买礼物，还真是一件大事，挑礼物我就不是内行了。

（2）要不，我们问问艾玛，她才是专家。

（3）那你问对人了，我就是专家。不就是准备爱的礼物吗？

（4）你才多大年纪，就这么有经验啊。

（5）投其所好的礼物就是好礼物，不一定要很贵。

（6）赵亮的主意就是好。

（7）这就给我出难题了。

（8）我妈常说，我做的菜人类不能吃，她才不相信我能做好吃的呢。

（9）那不行，我才不告诉你们呢，这是秘密。

三、语言点

虚词“就”“才” Function words: “就” and “才”

（1）“就”含有肯定的语气，表示强调。如：

“就” expresses an affirmative tone and is used for emphasis. For example:

① 你看，前面就是我家。

② 你看到桌上的鱼了吗？今晚我们就吃它了。

③ 听说，去年夏天，他就去了四个城市。

（2）“才”表示说话人觉得晚、慢、难，“就”表示说话人觉得早、快、容易。如：

“才” indicates that the speaker thinks that something happens late, slowly or unsmoothly, while “就” indicates that the speaker thinks that something happens early, quickly or easily. For example:

④ 你买了那么多菜，什么时候才能吃完啊？

⑤ 马上就到我爸爸的生日了。

（3）“才”表示“刚刚”。如：

“才” means “刚刚”, i.e. “only a short time ago”. For example:

⑥ 一些大城市的酒店，今年的春节才过完，明年前半年的房间就已经都预订好了。

（4）“才”表示少，有“只”的意思。如：

“才” means “only”. For example:

⑦ 才学了半年，他的汉语就这么好了。

语法活动

将下面的句子用虚词“就”或“才”说出来。

（1）现在是早上6:30。刘月已经到学校开始读书了。（就）

____

（2）今天老师留了很多作业。我们不知道今晚几点能做完。（才）

____

（3）我和他说了很多，也没有用。他不同意这么做。（就）

____

（4）现在是上午10:30，妈妈乘坐的航班到了。妈妈的航班应该上午9:15到机场。（才）

____

（5）我刚刚来。我没听见你们刚才说的话。（才）

____

（6）今天是2月12日，情人节还有两天。（就）

____

（7）你说想认识李梅。她是李梅。（就）

____

（8）她的汉语说得很好。她学习汉语学习了六个月。（才）

____

四、主课文

06-2

杰克：李梅，我女朋友和我妈妈同一天过生日，我要给她们俩准备礼物，你有什么好主意？

李梅：啊，你女朋友和你妈妈同一天生日啊！买礼物，还真是一件大事，挑礼物我就不是内行了。要不，我们问问艾玛，她才是专家。

赵亮：你们俩在说什么呢？

杰克：我们在说给我女朋友和我妈妈买礼物的事情。

赵亮：那你问对人了，我就是专家。不就是准备爱的礼物吗？

艾玛：赵亮，你才多大年纪，就这么有经验啊。你说说看，怎么准备爱的礼物？

赵亮：爱的礼物，最重要的是要体现爱。爱一个人心要真诚，还要体现在行动上。

李梅：好啦，赵亮，你快说，杰克要买什么礼物给他女朋友和妈妈？

赵亮：杰克非常了解他女朋友和他妈妈的性格和爱好，投其所好的礼物就是好礼物。不一定要很贵，主要是要有心。

杰克：我女朋友很安静，喜欢读书和思考；我妈妈相反，喜欢热闹，爱旅行，爱美食。

赵亮：如果选一本你自己最喜欢的书，做好读书笔记以后送给她，会怎么样呢？

李梅：赵亮的主意就是好。我觉得不错。

艾玛：是啊，这个主意不错。

杰克：问题是，我不是个爱读书的人，我得从今天开始爱上一本书。但是，现在才开始，晚不晚啊？

李梅：不晚，不晚，说不定你女朋友知道你为了这份礼物而开始喜欢读书，会非常高兴。

杰克：那我给我妈妈准备什么礼物？

赵亮：你可以学做一个好吃的中国菜，等跟妈妈见面的时候，好好儿陪陪她，再亲自做好吃的菜给她吃。你妈妈一定会感动的。

杰克：这就给我出难题了。我妈常说，我做的菜人类不能吃，她才不相信我能做好吃的呢。

艾玛：杰克，你那么聪明，才让你学做一个菜，不会那么难吧。

李梅：是啊，我和赵亮可以教你。还有，赵亮爸爸也可以教你，一定行的。

杰克：看来，我为了给女朋友和妈妈准备生日礼物，得自己先学习。一是开始读书，二是学做中国菜。爱的礼物，原来就是为爱的人做一些事，这才是最理想的爱的礼物啊。

赵亮：杰克，你真的很聪明，相信你很快就能准备好两样爱的礼物。

李梅：赵亮，上次你女朋友过生日，你给她的爱的礼物是什么？可以告诉我们吗？

赵亮：那不行，我才不告诉你们呢，这是秘密。

艾玛：你现在不说，一会儿就忍不住了，因为我们知道你要去国外交流半年，也给你准备了一份特别的礼物。想知道我们的爱的礼物吗？交换信息吧。

课文活动

1 分角色朗读课文，然后回答下面的问题。

（1）李梅选礼物水平怎么样？艾玛呢？

（2）赵亮有什么好主意？

（3）杰克的女朋友和妈妈同一天生日，赵亮为什么让杰克准备不同的礼物？

（4）杰克为了准备两份礼物，要做什么改变？

（5）赵亮会不会说出他的秘密？为什么？

2 试着不看课文，选择词语填空。

（1）在准备礼物方面，李梅不是________，艾玛和赵亮是________。

（真诚、内行、专家、经验）

（2）爱的礼物，最重要的是要________爱。爱一个人心要________，还要体现在________上。（行动、真诚、体现）

（3）杰克非常________他女朋友和他妈妈的________和爱好，________的礼物就是好礼物，不一定要________。（投其所好、性格、很贵、了解）

（4）看来，我为了给女朋友和妈妈________生日礼物，得自己先学习。一是________读书，二是学________中国菜。爱的礼物，原来就是为爱的人做一些事，这才是________的爱的礼物啊。

（开始、最理想、准备、做）

3 很认真地给家人、朋友或者爱人准备爱的礼物，但是收礼物的人并不开心。你有这样的经历吗？想想为什么会这样？请用这一课学到的语言点说一说。

五、副课文

06-3

杰克的妈妈和女朋友正好同一天过生日，他打算为她们准备礼物。杰克的女朋友性格安静，喜欢读书和思考。杰克的妈妈喜欢热闹，爱旅行，也爱美食。杰克想请李梅出出主意，但是李梅在准备爱的礼物这方面是外行，她认为艾玛才是专家。

这时候，赵亮来了，听说杰克要为女朋友和妈妈准备爱的礼物，就热情主动地帮忙，他说他自己就是专家。赵亮了解了杰克女朋友和妈妈的性格和爱好之后认为，准备爱的礼物最好投其所好，爱的礼物要体现爱。一方面心要真诚，另一方面要体现在行动上。

赵亮建议杰克选择一本他最喜欢的书，读完后做读书笔记，然后把书和笔记送给女朋友。而对于杰克的妈妈，赵亮让杰克学做一个好吃的中国菜，在妈妈生日的时候陪陪妈妈，然后做菜给妈妈吃。杰克认为这两个主意都是难题，因为他不喜欢读书，做的菜也不好吃。艾玛和李梅觉得赵亮的主意非常好，杰克就应该像赵亮说的那样去准备。要是女朋友知道杰克因为要送她书，而首先自己认真读这本书，会非常高兴。而且杰克很聪明，如果他认真学习，同时在朋友们和赵亮爸爸的帮助下，一定能学会做一道美味的中国菜。妈妈吃了，也会感动的。

杰克从赵亮的建议中明白了，准备爱的礼物，首先需要自己去学会做一些事，然后去为爱的人真心做一些事，这样的礼物才是最理想的礼物。爱的礼物就是有行动和爱心的礼物，不一定很贵。这样，收到礼物的人才会真的感受到来自你的爱。

赵亮给他的女朋友也准备了爱的礼物，但他说这是秘密，不能告诉朋友们。艾玛说赵亮是忍不住的，因为赵亮很快要去国外交流半年，朋友们也给他准备了爱的礼物。艾玛要求赵亮先告诉大家他的秘密，才能知道他将得到什么礼物。这叫信息交换。

词　语

1	外行	wàiháng	N&A	layman; unprofessional
2	主动	zhǔdòng	A	on one’s own initiative
3	建议	jiànyì	V&N	to suggest; proposal
4	首先	shǒuxiān	Pron & Adv	first, firstly
5	明白	míngbai	V&A	to understand; clear, obvious

课文活动

1　读课文，然后两人一组，把课文的意思复述给对方听。

2　不看课文，判断对错。

（1）在准备爱的礼物方面，李梅、杰克是外行，赵亮、艾玛是内行。　（　　）

（2）赵亮在给杰克出难题。　（　　）

（3）因为杰克不爱读书，所以赵亮让他先读书做笔记，再去给女朋友准备生日礼物。　（　　）

（4）因为杰克的妈妈爱美食，所以赵亮建议杰克学做一个好吃的中国菜，等妈妈生日的时候做给妈妈吃。（　　）

（5）赵亮给杰克出的主意得到了李梅和艾玛的赞成，最后杰克也接受了。（　　）

（6）赵亮真的是个会挑选爱的礼物的人。（　　）

3 听课文，在下面句子中的空格里填写你听到的内容。（不会写的汉字可以写拼音）

（1）杰克的妈妈和女朋友（　　）同一天过（　　）。

（2）赵亮（　　）杰克选择一本他最（　　）的书，读完后做读书（　　），然后把书和（　　）送给女朋友。

（3）杰克很（　　），如果他认真学习，同时在朋友们和赵亮爸爸的（　　）下，一定能学会做一（　　）美味的中国菜。

（4）爱的礼物就是有（　　）和爱心的礼物，不一定（　　）。这样收到礼物的人才会真的感到（　　）你的爱。

（5）赵亮给他的女朋友也（　　）了爱的礼物，但他说这是（　　），就不告诉朋友们。

六、拓展练习

1 听录音，回答问题。 06-4

（1）什么是"礼轻情意重"？

（2）关于"人们表达爱情，就有很多日子可以送礼物"，文中说了哪几个这样的日子？

（3）中秋节和端午节，人们一般送什么礼物？

2 阅读《礼轻情意重》，回答问题。

不知从什么时候开始，人类喜欢用送礼物的方法表达对家人、朋友、同事的感情。人们选择在一些特别的日子里，如传统节日、生日、结婚纪念日等，认真准备表达自己心意的礼物。中国有句话叫"礼轻情意重"，意思是，礼物不一定贵重，最重要的是从你送的礼物中能看到你一颗真诚的心。

现在，人们非常喜欢过节日，真希望每天都是一个节日，这样就可以送礼物或者收到礼物。人们表达爱情，就有很多日子可以送礼物。比如2013年1月4日，有人说，用汉语可以说成是“爱你一生一世（201314）”；5月20日叫“我爱你（520）”；每年2月14日是西方的情人节；中国农历七月七日，又有人说这是中国传统的情人节。其实，送礼物非常体现人的心意，才不是因为你送的礼物贵重就好，有时候，太贵重的礼物反而是一种很重的负担。而用心去准备的有意义的礼物，虽然不花什么钱，但是会让人感动。

送礼物不是一件容易的事，如果送的礼物给别人带来负担，那还是别送了。有些传统节日，大家送的礼物差不多，比如中秋节送月饼，端午节送粽子。现在，人们的生活里并不需要太多东西，有人说，最好的礼物就是能有时间好好儿陪父母、家人或者朋友聊聊天儿。

补充词语

1	表达	biǎodá	V	to express
2	同事	tóngshì	N	colleague
3	心意	xīnyì	N	regard, kindly feelings
4	礼轻情意重	lǐ qīng qíngyì zhòng		It's not the gift that counts, but the thought behind it.
5	农历	nónglì	N	lunar calendar
6	反而	fǎn'ér	Adv	on the contrary
7	负担	fùdān	N	burden
8	月饼	yuèbing	N	mooncake
9	粽子	zòngzi	N	*zongzi*, pyramid-shaped dumpling made of glutinous rice wrapped in bamboo or reed leaves

专有名词

1	中秋节	Zhōngqiū Jié	Mid-Autumn Festival
2	端午节	Duānwǔ Jié	Dragon Boat Festival

活动

两人一组，回答的一方要用括号里的词语说完整的句子。

（1）太贵重的礼物怎么样？（其实、体现、才不是、负担）

（2）用心准备的礼物怎么样？（体现、心意、感动）

（3）最好的礼物是什么？（有时间、陪、聊天儿）

3 写作训练。（课后练习）

我们每个人都收到过礼物，也给家人、朋友送过礼物，想一想有没有一件你认为很特别的礼物，可以是你收到的，也可以是你送给别人的。请用 150 ~ 200 字写下来，最好用到“就”和“才”。

七、聚宝盆（写下这一课新学会的词语和句子）

第七课

微笑的力量

一、热身

1. 跟一个爱微笑的人在一起，你是什么感觉？

2. 你一天可能会微笑几次？微笑有什么好处？

二、词语

1	年轻	niánqīng	A	young	年轻人
2	传染	chuánrǎn	V	to infect, to be contagious	传染病
3	演讲	yǎnjiǎng	V	to make a speech, to give a lecture	
4	题目	tímù	N	topic, title	演讲题目
5	隐藏	yǐncáng	V	to conceal, to hide	隐藏在草丛中
6	力量	lìliàng	N	strength, power	
7	超过	chāoguò	V	to exceed, to surpass	超过二十元
8	相当于	xiāngdāngyú		to be equivalent to	
9	巧克力	qiǎokèlì	N	chocolate	
10	英镑	yīngbàng	N	pound sterling, standard currency of the United Kingdom	
11	长寿	chángshòu	A	longevous, living a long life	
12	笑一笑，十年少	xiào yí xiào，shí nián shào		Smiles make one young.	

13	愁眉苦脸	chóuméi-kǔliǎn		to pull a long face
14	倾城	qīngchéng	V	(of one's beauty) to cause the fall of a city
15	典故	diǎngù	N	literary quotation
16	消失	xiāoshī	V	to vanish, to disappear

专有名词

罗恩·古特曼	Luó'ēn Gǔtèmàn	Ron Gutman, a speaker, writer and serial entrepreneur

词语活动

1 看下面的文字或图片，根据文字或图片的意思，说一说是你学习的哪个词语，然后写在后面的括号里。

（1）把东西放在别人看不到的地方 （　　）

（2）脸上不高兴的样子 （　　）

（3）一种情况、态度传给别人 （　　）

（4）东西或者人不见了 （　　）

（5）等于 （　　）

（6）看上去比实际年龄小 （　　）

（7）活得长 （　　）

（8）

（　　）

（9）

（　　）

2 听句子，将你听懂的意思说出来。 07-1

（1）因为生活就是美好，我每天不担心吃的、喝的，还有你们这样的好朋友。

（2）爱笑的人是健康的、聪明的、漂亮的。

（3）我记起来前几天我听过一个演讲，是罗恩·古特曼讲的，名字叫《微笑背后隐藏的力量》，印象很深。

（4）艾玛说的我也有同感。中国历史上就有“一笑倾城，再笑倾国”的典故。

（5）那些长寿的一般都喜欢笑，见到人总是一脸微笑。

三、语言点

“的”字结构 The 的-structure

（1）在一定的上下文中，一个“X＋的＋名词”结构中的名词可能不出现，剩下的“X＋的”结构，即“的”字结构，起到同样的功能。如：

In a certain context, the noun in an “X + 的 + N” structure may be omitted, thus forming the 的-structure, i.e. “X + 的 ” structure, which has the same functions. For example:

① 这两件衬衣，白的是我的，蓝的是他的。

这句话的意思是：This sentence means:

② 这两件衬衣，白的衬衣是我的衬衣，蓝的衬衣是他的衬衣。

（2）“的”字结构可以放在主语或宾语的位置上。如：

The 的-structure is put in the position of either the subject or the object. For example:

③ 坐在前面的是谁？

④ 该送的好像都送了。

⑤ 咱们先吃新鲜的。

⑥ 火车上的人也不都是回家的，也有不少是出去玩儿的。

语法活动

请把“的”放在句子里恰当的位置上。

（1）你写的汉字比我 A 写 B 好看 C 多了。 （ ）

（2）这件太贵 A 了，还有没有便宜 B 一点儿 C？（　　）

（3）今天来 A 都是我的老同学和老 B 同事 C。（　　）

（4）坐在你 A 前面 B 就是我 C 妈妈，没想到吧？（　　）

（5）你的话我 A 不明白，他 B 我 C 明白了。（　　）

四、主课文

07-2

李梅：艾玛，看你每天快快乐乐的样子，真好。

艾玛：因为生活就是美好，我每天不用担心吃的、喝的，还有你们这样的好朋友，我很满意。

杰克：是啊，生活多么美好。艾玛喜欢微笑，我认识她以后，也变得每天爱笑了。

赵亮：爱笑的人是健康的、聪明的、漂亮的。你们看，艾玛是不是看上去特别年轻？特别美？

李梅：是啊，艾玛，能不能告诉我们，你为什么那么爱笑？

艾玛：我妈妈就爱笑，可能是从她那里"传染"来的吧。妈妈常常告诉我："你看，孩子为什么比大人快乐？因为他们比大人爱笑。"

杰克：你这么一说，我记起来前几天我听了一个演讲，是罗恩·古特曼讲的，题目叫《微笑背后隐藏的力量》，印象很深。他也谈到微笑有很多好处。

赵亮：杰克，你介绍一下那个演讲的内容吧。

杰克：那篇演讲说，世界上有三分之一的人每天微笑超过 20 次，孩子微笑的次数可以达到一天 400 次。

李梅：是吗？一个孩子每天会笑那么多次？我们几个一天会笑几次？

杰克：艾玛可能会超过 30 次吧，我没那么多。演讲说，微笑有着强大的力量，一个微笑相当于2000块巧克力带来的快乐，也相当于一次得到16000英镑带来的快乐。

赵亮：我非常愿意相信这是真的。

杰克：微笑可以让人更健康、长寿，看起来更年轻。

艾玛：只要是真诚的微笑就应该是对人的身体有好处的。

李梅：中国人不是常说"笑一笑，十年少"吗？那些长寿的一般都喜欢笑，见到人总是一脸微笑。

赵亮：微笑不但对自己身心有好处，对别人也有好处。我们总是喜欢跟快乐的人一起。要是每天走到哪里都是愁眉苦脸的，自己的心情也好不到哪里去。时间久了，还容易出问题呢。

杰克：对了，有一次我听到一个中国人说"伸手不打笑脸人"，意思是只要你微笑，就不会被打吗？

李梅：意思是，一个人做了错事，你正准备打他，他已经笑着说自己错了，你就不好意思再打他了。这也说明微笑是有力量的。

艾玛：微笑是好，但是也有的笑出了问题。历史上有这样的例子啊。

赵亮：艾玛说的我也有同感。中国历史上就有"一笑倾城，再笑倾国"的典故。

杰克："倾城""倾国"是什么意思？

李梅：就是让一座城市、一个国家消失了。

杰克：那么可怕？艾玛，你别再笑了啊！

艾玛：哈哈，我们说远了。

课文活动

1 分角色朗读课文，然后回答下面的问题。

（1）艾玛为什么每天都快快乐乐的？

（2）爱笑的人怎么样？

（3）杰克听过的演讲是谁的？题目是什么？

（4）课文中提到了哪些中国人知道的和“笑”有关的说法？

2 试着不看课文，选择词语填空。

（1）那篇演讲________，世界上有三分之一________人每天微笑________20次，孩子微笑的________可以________一天400次。

（超过、说、次数、的、达到）

（2）微笑________对自己身心有好处，对别人________有________。我们________喜欢跟快乐的人一起。（也、好处、不但、总是）

（3）要是每天走到________都是愁眉苦脸________，自己的心情________好不到哪里________，时间久了，还容易________问题呢。

（哪里、去、的、也、出）

3 下面有几张孩子微笑的图片，请你看了以后跟你的同桌一起说一说，从孩子的笑脸上，你看到了什么？试着用“的”字结构。

五、副课文

07-3

艾玛是个爱笑的姑娘，每天快快乐乐的，大家都觉得她看上去健康、聪明、漂亮。艾玛说生活太美好了，每天不用担心吃的、喝的，还有几位好朋友。李梅想知道艾玛为什么每天这么爱笑，原来艾玛的妈妈就喜欢微笑，她常常告诉艾玛要像孩子那样微笑着生活，孩子的微笑比大人的看起来要快乐得多。艾玛爱笑是从妈妈那里“传染”来的。

杰克说艾玛妈妈的看法很有道理。几天前他听了罗恩·古特曼的一个演讲，题目是《微笑背后隐藏的力量》。他在演讲中说喜欢微笑的人更健康、长寿，更聪明，看上去更年轻；还说一个人一天应该微笑不少于 20 次，一次微笑的力量相当于 2000 块巧克力或 16000 英镑带给我们的快乐。这是真的吗？要真是这样，人们真应该常常微笑。

赵亮、李梅、艾玛和杰克谈到微笑这个话题时，有很多一样的看法。不管是哪个国家，都认为微笑对人的身体健康是有好处的。中国人有“笑一笑，十年少”这样的说法，还说“伸手不打笑脸人”，看来微笑总是好的。当然，赵亮说到中国历史上的典故“一笑倾城，再笑倾国”，话题就说远了，大家还开玩笑说，让艾玛以后少笑一点儿。

词语

1	道理	dàolǐ	N	truth, principle, hows and whys
2	不管	bùguǎn	Conj	regardless of, no matter (what, how, etc.)

课文活动

1 读课文，然后两人一组，把课文的意思复述给对方听。

2 不看课文，判断对错。

（1）艾玛喜欢微笑，每天都是快快乐乐的。（ ）

（2）艾玛妈妈让艾玛像孩子那样笑，但艾玛妈妈自己不快乐。（　　）

（3）爱笑的人一般会更健康，聪明，长寿，所以艾玛现在很老了。（　　）

（4）“伸手不打笑脸人”，那么不笑的人都要被打。（　　）

（5）赵亮、李梅、艾玛和杰克谈到微笑这个话题时，有很多一样的看法。（　　）

（6）因为“一笑倾城，再笑倾国”，艾玛以后不敢笑了。（　　）

3　听课文，在下面句子中的空格里填写你听到的内容。（不会写的汉字可以写拼音）

（1）艾玛说生活太美好了，每天不用担心（　　）、（　　），还有几位好朋友。

（2）（　　）的微笑比大人的看起来要快乐得多。艾玛爱笑是从妈妈那里“（　　）”来的。

（3）一个人一天应该微笑（　　）20次，一次微笑的（　　）相当于2000块巧克力或16000英镑带给我们的快乐。

（4）当然，赵亮说到中国历史上的（　　）“一笑倾城，再笑倾国”，话题就说（　　）了，大家还开（　　）说，让艾玛以后少笑一点儿。

六、拓展练习

1　听录音，回答问题。 07-4

（1）“我”为什么叫圆圆？

（2）“我”的哥哥怎么样？“我”跟他的关系怎么样？

（3）哥哥说“我”最大的优点是什么？

（4）哥哥读大学以后有什么变化？

2　阅读《保持微笑》，回答问题。

奶奶说我小时候是一个非常爱笑的孩子，不管走到哪里，都是一张微笑的脸。因为一笑，小脸就圆圆的，朋友都叫我“圆圆”。时间久了，圆圆就成了我的小名。

我有一个哥哥，比我大三岁，他就不怎么爱笑。但是我们俩的关系特别好，他有什么好吃的，一定会给我留一份，我有什么好玩儿的，也会给他。

长大以后，哥哥去很远的城市读大学，走的时候认真地跟我聊天儿，他说："你最大的优点就是能一直对生活微笑，以后不管生活中遇到什么，要一直这样啊！哥哥要向你学习。"哥哥的话我到现在还记得。

作家毕淑敏写过一篇文章，说人生所有的问题，都是关系的问题。那么我们在处理跟自己、跟他人的关系的时候，微笑真的是一个很容易也很有用的方法。当我们对着他人微笑的时候，一方面自己很快乐，另一方面让看到你微笑的人心情愉快。

读大学的哥哥经常给我发来他在大学学习、生活的照片，我发现了哥哥的变化，照片里的哥哥脸上慢慢地有了笑容，他的笑容非常真诚。哥哥告诉我，他能从不爱笑到喜欢微笑，是受到我的影响。现在，他有很多好朋友。

我没有想到，自己的微笑会成为一个优点，更没想到自己的微笑会影响到哥哥。看到哥哥的变化，我非常高兴，也一直想着哥哥对我说过的话——对生活，要一直保持微笑。

补充词语

1	小名	xiǎomíng	N	nickname
2	优点	yōudiǎn	N	merit, virtue
3	作家	zuòjiā	N	writer
4	处理	chǔlǐ	V	to deal with, to handle
5	变化	biànhuà	N&V	change; to change
6	笑容	xiàoróng	N	smile

专有名词

毕淑敏	Bì Shūmǐn	Bi Shumin, a writer

活动

两人一组，回答的一方要用括号里的词语说完整的句子。

（1）我们在处理跟自己、跟他人的关系的时候，微笑有什么用？

（自己、别人、快乐、愉快、容易）

（2）照片里的哥哥怎么样？（变化、笑容、真诚）

（3）微笑对“我”来说，是什么？（优点、习惯、保持）

3 写作训练。（课后练习）

回忆一下生活中给你留下深刻印象的一个微笑，那是什么样的一种感受？请用 150～200 字写下来，并用到“的”字结构。

七、聚宝盆（写下这一课新学会的词语和句子）

第八课

先凉菜后热菜

一、热身

1. 你吃过中国菜吗？你吃得最多的中国菜是什么？

2. 你知道中国人点菜的习惯吗？你一般怎么做？

二、词语

1	高级	gāojí	A	advanced	
	级	jí	N	level, grade	低级 / 中级 / 上级 / 下级
2	面试	miànshì	V	to interview	通过面试
3	老板	lǎobǎn	N	boss, employer	
4	老板娘	lǎobǎnniáng	N	proprietress, boss's wife	
5	炒饭	chǎofàn		fried rice	
6	咕咾肉	gūlǎoròu		sweet and sour pork	
7	叉烧肉	chāshāoròu		Chinese BBQ pork	
8	素菜	sùcài	N	vegetable dish	
9	素鸭	sùyā		vegetarian duck	
	鸭	yā	N	duck	鸭子
10	点菜	diǎn cài		to order dishes	点爱吃的菜

11	讲究	jiǎngjiu	N&V&A	something deserving attention or careful study; to be particular about; exquisite, delicate	有讲究 / 讲究卫生 / 讲究极了
12	凉菜	liángcài	N	cold dish(es)	
	凉	liáng	A	cold	凉水 / 天凉了
13	主食	zhǔshí	N	staple food	
14	担心	dān xīn	VO	to worry	
15	精致	jīngzhì	A	delicate, fine, exquisite	

专有名词

广东	Guǎngdōng	Guangdong Province

词语活动

1 看下面的文字或图片，根据文字或图片的意思，说一说是你学习的哪个词语，然后写在后面的括号里。

（1）在饭店告诉服务员你要吃什么 （ ）

（2）看上去很好，很漂亮 （ ）

（3）对事物有特别的要求，不随便降低要求 （ ）

（4）

（ ）

（5）

（ ）

（6）

（　　）

（7）

（　　）

2 听句子，将你听懂的意思说出来。 08-1

（1）我们四个人中正好有的喜欢吃辣的，有的喜欢吃广东菜，今天可以都试试。

（2）这家店的素菜还真的特别好，等一下我点个素鸭给你们尝一尝。

（3）两条腿的不吃，那么四条腿的杰克是吃的。桌子四条腿，要不给杰克点一个，让他吃吃看？

三、语言点

动词的重叠 Reduplication of a verb

（1）动词重叠，可以表示短时少量。如：

The reduplication of a verb implies a short time or a small quantity. For example:

① 你坐坐，我马上来。

② 这个问题我得思考思考。

（2）表示尝试或建议，语气比较缓和。如：

It indicates a try or suggestion with a soft tone. For example:

③ 让我来试一试吧。

④ 你累了，休息休息吧。

单音节动词重叠，中间可以有“一”。

If a monosyllabic verb is reduplicated, “一” can be inserted in the middle.

（3）用于过去的行为，表示动作短暂。这时，动词重叠后中间有“了”。如：

When referring to a past action, it implies the action is short, and “了” is used in the middle. For example:

⑤ 上个星期，她去医院查了查，医生说没什么大问题，叫她多运动。

⑥ 他只是过来看了看，马上就走了。

（4）用于经常的行为，带有“轻松”的口气。如：

When referring to a frequent behavior, it expresses a relaxed and casual mood. For example:

⑦ 有时候她也上上网，和女儿聊聊天儿，每天过得很高兴。

⑧ 退休以后，他每天读读报，看看电视，比以前轻松多了。

语法活动

请用动词的重叠来表达下面的句子。

（1）你昨天说的那本书我想看一下。（看）

____

（2）别着急，我们先听一下孩子怎么说。（听）

____

（3）他走进教室，拍了一下我的头。（拍）

____

（4）我太困了，让我先去洗一下脸。（洗）

____

（5）这个周末我去见了一个朋友，跟朋友聊了一会儿天儿。（见、聊）

____

四、主课文

08-2

艾玛：李梅，今天是什么好日子，请我们来这么高级的饭店吃晚饭？

李梅：我今天通过了一个面试，太高兴了，想请你们吃饭。

杰克：祝贺你！这家饭店的菜好吃吗？

李梅：这家饭店很特别，老板是四川人，老板娘是广东人。所以他们家的菜既有四川菜，也有广东菜。

赵亮：是吗？我们四个人中正好有的喜欢吃辣的，有的喜欢吃广东菜，今天可以都试试。

艾玛：我一般吃得最多的中国菜是麻婆豆腐和炒饭。

杰克：我吃得最多的是咕咾肉和叉烧肉。

赵亮：看来杰克爱吃肉，要是这家店都是素菜，杰克今天就要饿肚子了。

李梅：这家店的素菜还真的特别好，等一下我点个素鸭给你们尝一尝。

艾玛：等一下，我想吃水煮鱼，有没有？

李梅：有啊，我们先点菜吧。

杰克：对了，吃中国菜，点菜有什么讲究？

李梅：其实我也不太会点菜，我们一起试试吧。

赵亮：一般来说，先点凉菜，再点热菜，最后点主食或点心。我们四个人，不要点太多。

李梅：好，你们有什么不吃的菜，先告诉我。

杰克：我不吃两条腿的，别的都可以。

艾玛：两条腿的不吃，那么四条腿的杰克是吃的。桌子四条腿，要不给杰克点一个，让他吃吃看？

李梅：这样吧，凉菜我来点，一个蔬菜，一个素鸭，一个叉烧肉。热菜我们每人点一个自己爱吃的，主食就点炒饭。

赵亮：可以啊，我就是担心会不会太多了。

李梅：我问了问老板娘，她说他们的菜很精致，量不大。我们应该能吃完。

杰克：那就好。不过，今晚这么吃一顿，我又要去运动场锻炼三天。

艾玛：杰克，别想那么多，先饱口福，减肥的事吃完再说。

课文活动

1 分角色朗读课文，然后回答下面的问题。

（1）李梅今天为什么要请大家吃饭？

（2）为什么说这家店很特别？

（3）杰克爱吃什么菜？

（4）他们四个人中谁最会点菜？

2 试着不看课文，选择词语填空。

（1）艾玛一般吃得最多的是________和________。李梅今晚要点给大家尝一尝的是________。（素鸭、麻婆豆腐、咕咾肉、炒饭）

（2）这家店的老板娘说她家的菜做得很________，量不大。（一般、精致）

（3）在中国，点菜的顺序一般是先点________，再点________，最后点________或者________。（点心、热菜、主食、凉菜）

3 请看下面中国菜的菜单，然后两人一组，一人为服务员，一人点菜。试着用动词的重叠编一段对话。

主食

奶油馒头	12元/盘	米饭	2元/碗
刀削面	6元/碗	手工饺子	30元/斤

凉菜

酱牛肉	18元	凉拌腐竹	5元
酱猪手	15元	皮蛋豆腐	6元
油炸花生米	6元	小葱拌豆腐	5元

热菜

麻辣鲇鱼锅	28元
干锅千叶豆腐	26元
一品香辣海鲜锅	26元
干锅香辣排骨	38元
排骨冬瓜锅	30元
酸菜猪肉炖粉条	20元
什锦干锅	30元
干锅土豆片	12元

肉丝炒粉	12元	农家小炒肉	22元
拔丝红薯	12元	鱼香肉丝	18元
麻辣鱼	30元	肉炒平蘑	12元
老干妈炒肉	20元	肉炒腐竹	12元
排骨炖土豆	35元	土豆丝	7元
腰果虾仁	35元	麻辣豆腐	8元
红烧带鱼	28元	香菇油菜	10元
水煮肉片	23元	干炸土豆条	10元
糖醋丸子	18元	大烩菜	12元
过油肉	16元	炒鸡蛋	12元
大葱炒肉	18元	炒豆腐干	10元
香辣炒丝	18元	红烧茄子	12元
宫保鸡丁	16元	肉炒青椒	12元
辣子鸡丁	16元	烧肉炒粉	12元
京酱肉丝	20元	肉炒黄豆芽	13元
肉炒葱头木耳	16元	松仁玉米	20元
过油肉土豆片	13元	炝锅平蘑	16元
爆炒鱿鱼卷	28元	干煸豆角	12元

五、副课文

08-3

李梅通过了一个重要的面试，她特别高兴，所以晚上请艾玛、杰克和赵亮去一家高级饭店吃晚饭。这是一家既有四川菜，又有广东菜的饭店，因为老板是四川人，老板娘是广东人。

艾玛平时常常吃的中国菜是麻婆豆腐和炒饭；杰克爱吃咕咾肉和叉烧，好像都有点儿甜。赵亮喜欢广东菜，也喜欢四川菜。李梅觉得这家店的素菜非常不错，一会儿要点素鸭给大家尝尝。赵亮开玩笑说，杰克只吃肉，不吃素菜，要是李梅只点素菜，杰克就要饿肚子了。杰克说自己除了两条腿的不吃，别的都没有问题。艾玛开玩笑说，那么杰克一定吃四条腿的，桌子也是四条腿，可以给杰克点一张桌子，让他吃吃看。

李梅准备点菜，杰克想知道吃中国菜，点菜有什么讲究。李梅说自己也不太会点菜，希望大家一起试一试。还是赵亮有经验，他说中国菜一般先点凉菜，然后是热菜，最后点主食或者点心。李梅建议凉菜她来点，她准备点一个蔬菜、一个素鸭和一个叉烧，热菜就请每个人点一个自己喜欢吃的，最后的主食点炒饭。

赵亮担心他们点的菜太多，李梅问了问老板娘，老板娘说所有的菜都很精致，量不大，这些菜他们能吃完。杰克一边想着美食，一边担心体重，认为吃完这一顿饭需要锻炼三天。艾玛却认为杰克想得太多了，应该先好好儿饱饱口福，锻炼的事情吃完再说。

词语

好像	hǎoxiàng	Adv&V	as if; to seem	好像在想什么 / 好像多年的老朋友

课文活动

1 读课文，然后两人一组，把课文的意思复述给对方听。

2 不看课文，判断对错。

（1）老板的老家是广东，老板娘的老家在四川。（　　）

（2）杰克不吃两条腿的东西，那么，他不会吃鸡肉。（　　）

（3）赵亮喜欢广东菜，也喜欢四川菜。（　　）

（4）杰克爱吃的咕咾肉和叉烧都有点儿甜。（　　）

（5）他们点了三个凉菜、四个热菜和一份主食。（　　）

3 听课文，在下面句子中的空格里填写你听到的内容。（不会写的汉字可以写拼音）

（1）李梅觉得这家店的（　　）非常不错，一会儿要点素鸭给大家（　　）。

（2）杰克一边想着（　　），一边（　　）体重，认为这一顿饭需要（　　）三天。

（3）艾玛却认为杰克想得太多了，应该先好好儿（　　）口福，锻炼的事情吃完再说。

六、拓展练习

1 听录音，回答问题。 08-4

（1）请朋友去熟悉的店和不熟悉的店吃饭分别应该怎么做？

（2）点几个菜，怎么决定？

（3）说话人建议点菜要注意哪几个方面？

2 阅读《点菜的学问》，回答问题。

点菜是一门学问。如果你请朋友吃饭，最好先让朋友点他们爱吃的菜。一般来说，每个饭店都会有自己的特色菜，如果是你常常去的店，可以点特色菜。如果你也不熟悉，就要先向服务员了解了解菜的情况。

点几个菜，要看你请几个人吃饭，一般菜的数量比用餐人的数量再增加一到两个就可以了，太多了会浪费，太少了大家吃不饱。点菜最好有荤有素，人多时需要冷热菜都有。应该先点凉菜，然后点热菜、汤，最后是主食或者点心。广东人一般先喝汤，所以如果点广东菜，就会先点汤。

点菜时最好考虑到菜的颜色和口味，要红绿搭配，要有荤有素，味道要有咸的、酸的、辣的，还要有甜的。这样能满足所有吃饭的人的口味。

补充词语

1	学问	xuéwen	N	knowledge, learning
2	用餐	yòng cān	VO	to have a meal
3	浪费	làngfèi	V	to waste
4	荤	hūn	N	meat dishes
5	口味	kǒuwèi	N	flavour, taste
6	搭配	dāpèi	V	to match
7	咸	xián	A	salty

活动

两人一组，回答的一方要用括号里的词语说完整的句子。

（1）为什么说点菜是一门学问？（选择、熟悉、了解、特色、人数、口味）

（2）点菜太多或者太少会怎么样？（浪费、吃不饱）

（3）怎样满足所有吃饭的人的口味？

（搭配、颜色、口味、荤、素、咸、酸、甜、辣）

3 写作训练。（课后练习）

在你的国家请朋友去饭店吃饭，点菜的习惯是什么样的？用 150 ~ 200 字写下来，写的时候要用到动词重叠。

七、聚宝盆（写下这一课新学会的词语和句子）

第九课 跟陌生人说话

一、热身

1. 你什么情况下会跟不认识的人说话？

2. 有没有不认识的人跟你说话以后，你们成了朋友的情况？

二、词语

1	陌生	mòshēng	A	unfamiliar, strange	陌生人 / 感到陌生
2	怪不得	guàibude	Adv	no wonder	
3	乖乖女	guāiguāinǚ		good girl, obedient girl	
4	窗	chuāng	N	window	窗外
5	友好	yǒuhǎo	A	friendly	
6	设计	shèjì	N&V	design; to design	一项设计 / 美术设计 / 设计师
7	话题	huàtí	N	topic	共同话题 / 换个话题
8	收获	shōuhuò	N	harvest, gain	学习收获
9	留	liú	V	to leave (a message)	留电话号
10	京剧	jīngjù	N	Peking opera, *Jingju*	
11	难得	nándé	A	rare	机会难得 / 十分难得 / 难得遇到

12	胡子	húzi	N	mustache	
13	擅长	shàncháng	V	to be good at	擅长交友
14	流利	liúlì	A	fluent	汉语说得流利
15	纠正	jiūzhèng	V	to correct, to rectify	纠正错误 / 纠正发音
16	的确	díquè	Adv	indeed	的确是这样

专有名词

巴黎	Bālí	Paris

词语活动

1 看下面的文字或图片，根据文字或图片的意思，说一说是你学习的哪个词语，然后写在后面的括号里。

（1）确实，说真的 （　　）

（2）听话的女孩儿 （　　）

（3）说话快而且清楚、自然 （　　）

（4）不认识，没见过 （　　）

（5）不容易（见到或者出现） （　　）

（6）

（　　）

（7）

（　　）

2 听句子，将你听懂的意思说出来。 09-1

（1）我昨天坐出租车，告诉司机我要去哪儿以后，就听着音乐看着窗外。

（2）司机主动笑着跟我打招呼。

（3）他经常听着这张 CD 开车。

（4）我听到他正唱着什么走得很快，仔细一听，他唱的是京剧。

三、语言点

"V_1 着 V_2" 格式 "V_1 着 V_2" structure

"V_1 着 V_2" 格式中，V_1 表示 V_2 的伴随状态。如：

The "V_1 着 V_2" structure indicates that the first action is accompanying the second one.

For example:

① 他笑着对我说……

② 她唱着歌走出家门。

③ 他经常背着照相机到外面走走，拍拍照。

语法活动

请用 "V_1 着 V_2" 格式来表达下面的意思。

（1）这个女孩子在哭。她在打电话。

____

（2）我弟弟在听音乐。我弟弟在看书。

____

（3）妈妈笑了。妈妈对我说："你终于回来了。"

____

（4）爷爷拿着报纸。爷爷睡着了。

____

（5）我朋友拿着手机。我朋友进了教室。

____

四、主课文 09-2

艾玛：杰克，昨天我坐出租车，跟司机聊天儿了。

杰克：这有什么？我经常跟陌生人说话。

艾玛：是吗？我一般不跟陌生人说话。从小妈妈就告诉我，不要随便跟陌生人说话。

杰克：怪不得你是乖乖女，从小就听妈妈的话。不过，跟陌生人说话要看情况。

艾玛：看什么情况？我一般能不说就不说。

杰克：我觉得跟陌生人说话，很多时候能了解你不知道的信息，也会认识很多新的朋友。对了，说说你昨天的事吧。

艾玛：我昨天坐出租车，告诉司机我要去哪儿以后，就听着音乐看着窗外。司机主动笑着跟我打招呼，说："姑娘，你学习汉语时间不短了吧？汉语说得不错。"

杰克：这位司机很友好啊。

艾玛：是啊。他问我是哪国人，我告诉他我是法国人。他说他女儿现在在巴黎留学，学习的是艺术设计。

杰克：看来，你跟这位司机一下子就找到共同话题了。

艾玛：是啊。他女儿从法国带回一张音乐CD，他经常听着这张CD开车。他说女儿以后想回国开自己的设计公司呢。

杰克：艾玛，你不是也喜欢艺术设计吗？

艾玛：是啊。这位司机的女儿送给他的音乐CD也是我喜欢的音乐，有意思吧？

杰克：看来，你昨天跟陌生人说话收获不小。

艾玛：是的。下车的时候，司机给我看了他女儿在巴黎的照片，还给我留了电话，说以后有需要他帮助的地方，可以给他打电话。我也把我的电话留给他了。

杰克：嗯，不错，你就这样认识了一位新朋友。我最近也交了个特别的朋友。

艾玛：怎么特别？

杰克：他才八岁，还是个小学生。那天我走路的时候，他在我前面。我听到他正唱着什么走得很快，仔细一听，他唱的是京剧。

艾玛：这么小喜欢唱京剧，很难得。

杰克：我跑过去跟他说："你好！我叫杰克，来自美国。我想问一下，你唱的是京剧吗？"小男孩儿开始有点儿怕我，但是点了点头。

艾玛：你这个陌生人脸上的胡子太多了，有点儿吓人。

杰克：谁说的？我很擅长跟陌生人交朋友的。小男孩儿听我说汉语说得不太流利，还帮我纠正发音呢。

艾玛：你的发音的确需要纠正。

杰克：原来这个小男孩儿的爷爷很喜欢京剧，在他两岁的时候就教他唱京剧。我说我想认识他爷爷，我把我的电话留给了他，也要了他爷爷的联系方式。

艾玛：看来，我们俩最近都有收获。

课文活动

1　分角色朗读课文，然后回答下面的问题。

（1）艾玛一般跟陌生人说话吗？为什么？

（2）杰克怎么看跟陌生人说话这件事？

（3）艾玛昨天为什么跟陌生人说话？结果怎么样？

（4）杰克最近认识了一个什么样的朋友？

2 试着不看课文，选择词语填空。

（1）艾玛一般不跟陌生人说话，因为她是________，她从小就听妈妈的话，不________跟不认识的人说话。（随便、乖乖女、怪不得）

（2）那位司机的女儿在巴黎留学，学习艺术设计，艾玛也喜欢艺术设计。于是，艾玛和他有了________话题。（奇怪、共同）

（3）艾玛认为那个八岁的男孩儿喜欢唱京剧，很________。

（难得、难怪、困难）

（4）小男孩儿说杰克的汉语不太________，帮他________发音。

（纠正、流利、吓人）

3 在有条件的情况下，我们经常同时做两件事，比如一边吃饭一边听音乐，一边走路一边想问题。请你介绍一下你一般会同时做哪两件事？请用“V_1着V_2”格式。

五、副课文

09-3

艾玛从小就是个乖乖女，妈妈告诉她一个人在外面不要随便跟陌生人说话。艾玛来中国留学，也一直记着妈妈的话。但是昨天她却跟陌生人说话了，这个人是出租车司机。

艾玛告诉司机要去哪儿之后，司机主动跟艾玛聊天儿，说艾玛的汉语不错。知道艾玛是法国人以后，他告诉艾玛，自己的女儿在巴黎学习艺术设计。司机喜欢听着他女儿买的CD开车，CD里的音乐正好也是艾玛喜欢的音乐。司机的女儿学习艺术设计，艾玛也喜欢艺术设计，于是他们有了共同话题。这次跟陌生人聊天儿，艾玛了解到了一位出租车司机和他女儿的生活，收获不小。

下车的时候，司机给艾玛看了他女儿的照片，他们还互相留了电话号码。司机说，以后如果艾玛需要帮助，可以给他打电话。艾玛感受到了中国司机的热情。

杰克跟艾玛不同，他很喜欢跟陌生人说话，认识了不少新朋友。最近，杰克认识了一位八岁的小学生，因为这位小学生唱着京剧走路，引起了杰克的注意。杰克主动上前打招呼，告诉小学生自己是美国人。小学生刚开始有点儿怕杰克，因为杰克一脸胡子，有点儿吓人。但是过了一会儿，小学生不怕了，还说杰克的汉语不太流利，还帮杰克纠正发音呢。

杰克不仅认识了一位八岁的小学生，还知道了小学生的爷爷会唱京剧，于是也留下了自己的联系方式，他以后还想认识小学生的爷爷。

看来，有时候跟陌生人说话，没有那么可怕。艾玛和杰克最近的经历就很有意思，都认识了新朋友。

词 语

1	感受	gǎnshòu	V	to feel
2	引起	yǐnqǐ	V	to give rise to, to cause
3	打招呼	dǎ zhāohu		to say hello, to greet somebody
4	经历	jīnglì	N	experience

课文活动

1 读课文，然后两人一组，把课文的意思复述给对方听。

2 不看课文，判断对错。

（1）艾玛从小就不爱听妈妈的话，随便跟陌生人说话。（　　）

（2）出租车司机的女儿在法国学习艺术设计。（　　）

（3）艾玛跟出租车司机说法语。（　　）

（4）出租车司机很热情，给艾玛看他女儿的照片，还留了电话号码。（　　）

（5）杰克最近认识了一位新朋友，是一个八岁小学生的爷爷。（　）

（6）小学生和他的爷爷都会唱京剧。（　）

3 听课文，在下面句子中的空格里填写你听到的内容。(不会写的汉字可以写拼音)

（1）杰克跟艾玛不同，他很喜欢跟（　　）说话，认识了不少新朋友。

（2）因为这位小学生唱着（　　）走路，引起了杰克的（　　）。

（3）小学生刚开始有点儿怕杰克，因为杰克一脸胡子，有点儿（　　）。

（4）看来，有时候跟陌生人说话，没有那么（　　）。艾玛和杰克最近的（　　）就很有意思，都认识了新朋友。

六、拓展练习

1 听录音，回答问题。 09-4

（1）小时候，父母告诉我们一个人在外面最好不跟陌生人交流，这是为什么？

（2）跟陌生人交流为什么很重要？

（3）怎样才能很好地跟陌生人交流？

2 阅读《怎样跟陌生人交流》，回答问题。

小的时候，父母一般会告诉我们，一个人在外面的时候，最好不要跟陌生人交流，那是因为怕我们遇到坏人。但是我们大了以后发现，跟人交流是很重要的，学会跟陌生人交流更是不可缺少。

对于我们来说，这个世界的大部分人都是陌生人。这么多陌生人中，我相信大部分人都是好人。也就是说，坏的陌生人是少数，我们不能因为那些很少的坏的陌生人而不跟大部分的好的陌生人交流。中国有句话叫“一回生，二回熟”，你第一次跟陌生人交流，相互还不了解，但是第二回再交流，就可能成为很好的朋友。

那么怎样才能很好地跟陌生人交流呢？

第一，对任何人，都要有真诚的微笑。我们每个人都喜欢在轻松愉快的环境下跟人交流。你对别人说话时，是微笑着说，还是阴着脸说，效果是很不一样的。一个真诚的微笑，带给自己和别人的都是快乐。

第二，善于观察，用眼神去表达真诚。如果在你面前的人正忙着打电话，你上去跟他说话就不太合适；如果一个人在咖啡店，轻松地喝着咖啡看窗外的风景，就可以找到一个话题去试着交流了。

第三，说话要轻松，也可以问一个有趣的问题。要善于发现身边的美，你可以赞美这个陌生人的举止、衣着，也可以谈今天的好天气，还可以谈你们都感兴趣的某种饮品或者食物。态度要自然。

总之，只要你能让陌生人感到真诚、轻松，或者陌生人让你感到真诚、轻松，你们就能愉快地交流了。

补充词语

1	一回生，二回熟	yī huí shēng，èr huí shú		First time strangers, second time friends
2	效果	xiàoguǒ	N	effect
3	善于	shànyú	V	to be adept in
4	观察	guānchá	V	to observe
5	眼神	yǎnshén	N	expression in one's eyes
6	举止	jǔzhǐ	N	manner, behavior
7	衣着	yīzhuó	N	clothing, clothes
8	总之	zǒngzhī	Conj	in a word, in short

活动

两人一组，回答的一方要用括号里的词语说完整的句子。

怎样才能很好地跟陌生人交流？（真诚、观察、轻松、有趣）

3 写作训练。(课后练习)

下课以后，找个机会跟一位陌生人交流，看看交流的结果怎么样。试着用150～200字写下来，要用到“V_1着V_2”格式。

七、聚宝盆（写下这一课新学会的词语和句子）

第十课

你这样算老吗

一、热身

1. 你认为一个人怎样才算老？

2. 在你生活的城市老人多吗？

二、词语

1	论文	lùnwén	N	paper, thesis	
2	感觉	gǎnjué	V	to feel	感觉冷了
3	难怪	nánguài	Adv	no wonder	
4	老成	lǎochéng	A	experienced, mature, steady	
5	心态	xīntài	N	state of mind, mentality	心态好 / 心态年轻
6	至少	zhìshǎo	Adv	at least	至少三千人 / 至少半个小时
7	退休	tuì xiū	V	to retire	去年退休
8	条件	tiáojiàn	N	condition	生活条件 / 条件很好
9	环境	huánjìng	N	environment	工作环境
10	注重	zhùzhòng	V	to lay emphasis on, to pay attention to	
11	质量	zhìliàng	N	quality	质量好

12	安排	ānpái	V	to arrange	安排生活 / 安排工作 / 安排他准备……
13	丰富	fēngfù	A	abundant, rich	丰富的经验 / 丰富的业余生活
14	继续	jìxù	V	to go on, to continue	继续学习 / 继续工作
15	老龄化	lǎolínghuà		aging	
16	增长	zēngzhǎng	V	to grow, to increase	人口增长
17	表示	biǎoshì	V	to show, to express	表示同意
18	古董	gǔdǒng	N	antique	
19	想法	xiǎngfǎ	N	idea, thought	
20	时尚	shíshàng	A	fashionable	
21	明显	míngxiǎn	A	obvious, evident	十分明显
22	预测	yùcè	V	to predict	
23	分明	fēnmíng	Adv	obviously	

词语活动

1 看下面的文字，根据意思说一说是你学习的哪个词语，然后写在后面的括号里。

（1）做事、看问题有经验，但年纪轻 （ ）

（2）看重，认为……很重要 （ ）

（3）一个城市或者地方老人越来越多 （ ）

（4）先想一想事情可能产生的结果 （ ）

（5）不能再少 （ ）

（6）东西的好坏 （ ）

（7）很久以前的、旧的东西 （ ）

2 听句子，将你听懂的意思说出来。 10-1

（1）我长得比你着急多了。

（2）很多人吃得比以前讲究，业余生活安排得比以前丰富。

（3）有的人很年轻，心态已经变得比古董还老。

（4）你只是最近忙，想得比我们多了一点儿。

三、语言点

带“得”的“比”字句 The 比-sentence with “得”

如果表示两个人或两件事物在性状或程度上的差别，可以用介词“比”引出比较的对象，再用谓语表示比较的结果，就是“比”字句。（见初级第3册第9课）

To indicate the difference in the characteristics or degree between two persons/things, a 比-sentence is used in which the preposition “比” is used to introduce the target of comparison, and then the predicate is used to indicate the result of comparison. (Refer to Lesson 9, Book 3)

如果比较的结果用情态补语来表达，那么就构成带“得”的“比”字句。如：

If the result of comparison is shown by a modal complement, a 比-sentence with “得” is formed. For example:

① 他比你唱得好听。

② 马路上车太多了，汽车比自行车跑得慢。

“比＋X”有两个位置。“比＋X” can be placed in two positions as follows.

（1）

主语	状语	谓语动词＋情态补语
他	比我	起得早。

（2）

主语	谓语动词＋“得”	情态补语
他	起得	比我早。

语法活动

请用带“得”的“比”字句来表达下面的意思。

（1）我学习汉语学习了一年。他学习汉语学习了三年。

____

（2）我晚上 10:00 睡觉。我弟弟晚上 12:00 睡觉。

____

（3）爸爸喝了两杯茶。妈妈喝了一杯茶。

____

（4）小明早上 7:30 到教室。张月早上 7:45 到教室。

____

（5）西瓜卖 5 元一斤。苹果卖 8 元一斤。

____

四、主课文

10-2

李梅： 最近一个月，我一直在忙着写论文，每天都睡得很晚，感觉自己都变老了。

赵亮： 难怪最近很少见你。老？你这样算老吗？我长得比你着急多了。

李梅： 哈哈，赵亮，你这叫“少年老成”。你虽然长得着急，但心态还是很年轻。

杰克： 你俩在比谁老啊？我看，你们都不老。对了，说到老，你们认为怎样才算老呢？

艾玛： 我认为说到老，年纪至少要八十岁以上。

李梅： 不是吧，在中国，男性年满六十周岁，女性年满五十五周岁，就可以退休了。退休了，就是说你老了。

赵亮： 现在人们的生活条件和环境比以前好多了，长寿的人越来越多。

杰克： 中国人那么早就退休啊，退休以后都做些什么呢？

赵亮： 退休以后，人们更注重生活的质量。很多人吃得比以前讲究，业余生活安排得比以前丰富，比如学做美食、锻炼身体、去旅行、学习自己感兴趣的东西。

艾玛： 长寿的人越来越多，健康的老人也越来越多，其实六十岁以后还可以继续工作。

李梅： 是啊。中国很多城市出现老龄化，以后说不定男性要工作到六十五周岁，女性要工作到六十周岁。

杰克： 你们在说年纪跟"老"的关系。我想年纪的增长，不一定就表示这个人老了。

艾玛： 是啊，有的人很年轻，心态已经变得比古董还老。有的人年纪不小，但是他们看上去比十七八岁的年轻人还有活力。

赵亮： 艾玛说得对，我爷爷就是这样的。我爷爷已经八十多岁了，想法跟年轻人一样时尚，喜欢开玩笑，喜欢新事物。

李梅： 像赵亮爷爷这样的老人，中国很多，别的国家也很多。我在网上看过很多七十多岁的老人画画儿、写书，看上去充满活力。很明显，七十岁在不少人的心里，还很年轻啊。

杰克： 我相信，将来的人们都会活很久很久，但是心态会更年轻。

艾玛： 不是有科学家预测，人类以后可以活到一百五十岁吗？

赵亮： 一百五十岁？那时候我在干什么呢？

艾玛：中国人说“活到老，学到老”。赵亮，你当然是在学习。

李梅：赵亮的心态比我年轻。

杰克：你分明还是十八岁的样子啊！你只是最近忙，想得比我们多了一点儿。

赵亮：我们这样的心态，怎么都不容易老。

课文活动

1 分角色朗读课文，然后回答下面的问题。

（1）李梅最近为什么感觉自己变老了？

（2）赵亮说自己什么样？

（3）中国人一般多少岁退休？

（4）退休以后，人们的生活怎么样？

（5）如何看一个人是老还是年轻？艾玛的看法是什么？

（6）赵亮说他们不容易老是因为什么？

2 试着不看课文，选择词语填空。

（1）赵亮说自己长得比李梅________，李梅说他是“少年________”，其实________一直很年轻。（心态、着急、老成）

（2）中国很多城市出现________，以后________男性要工作到六十五周岁，女性要工作到六十周岁。（说不定、难怪、老龄化）

（3）赵亮的爷爷已经八十多岁了，想法跟年轻人一样________，喜欢开玩笑，喜欢新事物。（时尚、老）

（4）有科学家________，人类以后可以活到一百五十岁。（测验、预测）

3 请两三人一组，讨论一下一个人怎样才算老。试着用带“得”的“比”字句。

五、副课文

10-3

李梅最近一个月忙着写论文，每天睡得很晚，感觉自己老了不少。赵亮说自己看上去长得比李梅着急得多。其实，李梅不老，赵亮也只是少年老成，他们的心态一直很年轻。

杰克和艾玛也来参加讨论。到底怎样算老？怎样算年轻？从年龄来看，艾玛认为至少得到八十岁，才可以说老。李梅说，在中国，男性六十周岁、女性五十五周岁分别到退休年龄，也就是说，退休的人都算老人了。现在，人们的生活条件和环境比以前好，长寿的人越来越多。退休以后，人们更注重生活的质量。很多人吃得比以前讲究，业余生活安排得比以前丰富，比如学做美食、锻炼身体、去旅行、学习自己感兴趣的东西。

杰克认为应该从心态来看一个人是不是老了，年龄增长不一定就表示这个人老了。艾玛也觉得有的人很年轻，心态已经变得比古董还老；有的人年纪不小，但是他们看上去比十七八岁的年轻人还有活力。赵亮的爷爷已经八十多岁了，但是心态像年轻人一样，"活到老，学到老"，还喜欢开玩笑，喜欢新鲜事物，非常时尚。

他们四个人的心态都很年轻，心态年轻，就不容易老。他们相信科学家对人类寿命的预测——人类未来可以活到一百五十岁。

词语

1	讨论	tǎolùn	V	to discuss	讨论会 / 讨论计划
2	到底	dàodǐ	Adv	(what) on earth, after all	
3	分别	fēnbié	Adv	respectively	
4	年龄	niánlíng	N	age	
5	新鲜	xīnxiān	A	fresh	新鲜水果 / 新鲜事物
6	寿命	shòumìng	N	lifetime, lifespan	

课文活动

1 读课文，然后两人一组，把课文的意思复述给对方听。

2 不看课文，判断对错。

（1）赵亮的脸长得很老，心态也不年轻。（ ）

（2）不到八十岁，不可以说老，艾玛是这样想的。（ ）

（3）现在的人们退休以后，业余生活安排得比以前丰富多了。（ ）

（4）人的年纪大，心态就老；年纪轻，心态就一定年轻。（ ）

（5）赵亮的爷爷八十多岁了，心态也有八十多岁了。（ ）

3 听课文，在下面句子中的空格里填写你听到的内容。(不会写的汉字可以写拼音)

（1）李梅最近一个月（ ）着写（ ），每天（ ）得很（ ）。

（2）到底怎样算老？怎样算年轻？从（ ）来看，艾玛认为（ ）得到八十岁，（ ）可以说老。

（3）杰克认为年龄（ ）不一定就（ ）这个人老了。有的人很年轻，心态已经变得比（ ）还老；有的人年纪不小，但是他们看上去比十七八岁的年轻人还有（ ）。

六、拓展练习

1 听录音，回答问题。 10-4

（1）人们是如何将年纪和太阳联系起来的？

（2）夕阳为什么让人难过？

（3）为什么说人们对夕阳的看法和心态有关？

（4）说话人举了哪些老人的例子？

2 阅读《黄昏的夕阳》，回答问题。

大自然的风景，总是有着看不完的美，有的人喜欢早晨的太阳，有的人喜欢黄昏的夕阳。中国人常常把人的年纪跟太阳联系起来。比如，如果是一位青少年，我们会说他是早晨八九点钟的太阳，但是如果一个人年纪很大，我们会用黄昏的夕阳来表达。

夕阳很美，但是夕阳也意味着美好的一天快要过去了，总还是有些让人难过。中国唐代诗人李商隐就留下了关于夕阳的名句："夕阳无限好，只是近黄昏。"读这句诗的人都会有难过之意。其实，这跟心态有关。同样的美景，同样的情况，如果你的心态是年轻的，看到的东西也会不一样。中国著名作家朱自清就把李商隐的名句改了一下，读来大不一样："但得夕阳无限好，何必惆怅近黄昏。"

每一种风景，有每一种风景的美。人生也一样，年轻有年轻的优点，年长也有年长的好处。中国和外国都有老人80岁开始学习画画儿，到100岁还可以开画展的例子。比如，纽约的摩西奶奶，78岁开始学画，画到101岁；中国西安的申云英奶奶，80岁开始学画，画到100岁。

黄昏的夕阳，每个人都见过，你从中看到了什么？

补充词语

1	风景	fēngjǐng	N	scenery, view
2	黄昏	huánghūn	N	twilight, dusk
3	夕阳	xīyáng	N	the setting sun
4	如果	rúguǒ	Conj	if, supposing
5	意味着	yìwèizhe	V	to mean
6	难过	nánguò	A	sad
7	无限	wúxiàn	A	infinite
8	著名	zhùmíng	A	famous
9	何必	hébì	Adv	why, there is no need
10	惆怅	chóuchàng	A	disconsolate, melancholy
11	画展	huàzhǎn	N	art exhibition

活动

两人一组，回答的一方要用括号里的词语说完整的句子。

（1）中国人是怎样把人的年纪跟太阳联系起来的？

（青少年、早晨、太阳、年纪、黄昏、夕阳）

（2）“夕阳无限好，只是近黄昏。”和“但得夕阳无限好，何必惆怅近黄昏。”最大的不同是什么？（心态、年轻、欣赏）

3 写作训练。（课后练习）

想象一下你老了会是什么样子，你希望自己老的时候是什么样子。请用150～200字写下来，最好用到带“得”的“比”字句。

七、聚宝盆（写下这一课新学会的词语和句子）

生词表

生词	拼音	课号
A		
安排	ānpái	10
B		
白	bái	3
半信半疑	bànxìn-bànyí	2
呗	bei	2
笔记	bǐjì	6
变化	biànhuà	7
表达	biǎodá	6
表示	biǎoshì	10
兵马俑	bīngmǎyǒng	4
博物馆	bówùguǎn	4
不管	bùguǎn	7
C		
参加	cānjiā	2
藏	cáng	5
叉烧肉	chāshāoròu	8
查	chá	3
长寿	chángshòu	7
超过	chāoguò	7
炒	chǎo	1
炒饭	chǎofàn	8
炒三丝	chǎosānsī	1
晨跑	chén pǎo	3
成语	chéngyǔ	2
充电	chōng diàn	5
惆怅	chóuchàng	10
愁眉苦脸	chóuméi-kǔliǎn	7
处理	chǔlǐ	7
触摸屏	chùmōpíng	5
传	chuán	1
传染	chuánrǎn	7
窗	chuāng	9
D		
搭配	dāpèi	8
打招呼	dǎ zhāohu	9
带动	dàidòng	3
担心	dān xīn	8
导航	dǎoháng	5
到底	dàodǐ	10
道理	dàolǐ	7
的确	díquè	9
典故	diǎngù	7
点菜	diǎn cài	8
读万卷书，行万里路	dú wàn juàn shū, xíng wàn lǐ lù	4
端	duān	1
F		
反而	fǎn'ér	6
方式	fāngshì	4
分别	fēnbié	10
分明	fēnmíng	10
丰富	fēngfù	10
风景	fēngjǐng	10
服装	fúzhuāng	2
负担	fùdān	6
G		
感觉	gǎnjué	10
感受	gǎnshòu	9
高级	gāojí	8

生词	拼音	课号
高手	gāoshǒu	3
搁	gē	5
功课	gōngkè	4
攻略	gōnglüè	4
共同	gòngtóng	3
咕咾肉	gūlǎoròu	8
古城墙	gǔchéngqiáng	4
古董	gǔdǒng	10
乖乖女	guāiguāinǚ	9
怪不得	guàibude	9
观察	guānchá	9
广泛	guǎngfàn	2
H		
好像	hǎoxiàng	8
合并	hébìng	2
何必	hébì	10
狐假虎威	hújiǎhǔwēi	2
狐狸	húli	2
胡子	húzi	9
画展	huàzhǎn	10
话题	huàtí	9
环境	huánjìng	10
黄昏	huánghūn	10
荤	hūn	8
婚礼	hūnlǐ	2
婚纱	hūnshā	2
活力	huólì	3
火锅	huǒguō	1
J		
肌肉	jīròu	3
级	jí	8
记得	jìde	5
记载	jìzǎi	2

生词	拼音	课号
继续	jìxù	10
家常菜	jiāchángcài	1
假期	jiàqī	4
见闻	jiànwén	4
建议	jiànyì	6
健康	jiànkāng	3
健身	jiànshēn	3
讲究	jiǎngjiu	8
交流	jiāoliú	6
街头	jiētóu	5
京剧	jīngjù	9
经历	jīnglì	9
经验	jīngyàn	6
精力	jīnglì	4
精神	jīngshen	3
精致	jīngzhì	8
静音	jìng yīn	5
纠正	jiūzhèng	9
举止	jǔzhǐ	9
K		
可惜	kěxī	5
口福	kǒufú	1
口味	kǒuwèi	8
L		
落	là	5
辣	là	1
浪费	làngfèi	8
老板	lǎobǎn	8
老板娘	lǎobǎnniáng	8
老成	lǎochéng	10
老龄化	lǎolínghuà	10
礼轻情意重	lǐ qīng qíngyì zhòng	6

生词	拼音	课号
理想	lǐxiǎng	6
力量	lìliàng	7
凉	liáng	8
凉菜	liángcài	8
留	liú	9
流利	liúlì	9
旅行社	lǚxíngshè	4
绿豆汤	lǜdòutāng	1
论文	lùnwén	10
M		
马拉松	mǎlāsōng	3
嘛	ma	3
毛豆	máodòu	1
美食	měishí	3
秘密	mìmì	5
面试	miànshì	8
明白	míngbai	6
明显	míngxiǎn	10
陌生	mòshēng	9
N		
拿手菜	náshǒucài	1
难得	nándé	9
难怪	nánguài	10
难过	nánguò	10
难题	nántí	6
内行	nèiháng	6
年龄	niánlíng	10
年轻	niánqīng	7
柠檬	níngméng	1
柠檬茶	níngméngchá	1
农历	nónglì	6
P		
平时	píngshí	2

生词	拼音	课号
Q		
抢	qiǎng	1
巧克力	qiǎokèlì	7
倾城	qīngchéng	7
清淡	qīngdàn	1
R		
热身	rè shēn	3
人类	rénlèi	6
忍不住	rěnbuzhù	6
如果	rúguǒ	10
S		
善于	shànyú	9
擅长	shàncháng	9
设计	shèjì	9
身材	shēncái	3
深度游	shēndùyóu	4
深刻	shēnkè	2
湿润	shīrùn	1
时尚	shíshàng	10
式	shì	2
式样	shìyàng	5
视频	shìpín	5
收获	shōuhuò	9
首先	shǒuxiān	6
寿命	shòumìng	10
水稻	shuǐdào	1
水煮鱼	shuǐzhǔyú	1
说曹操，曹操到	shuō Cáo Cāo, Cáo Cāo dào	2
思考	sīkǎo	6
俗语	súyǔ	2
素菜	sùcài	8
素鸭	sùyā	8
随手	suíshǒu	5

生词	拼音	课号
T		
逃走	táozǒu	2
讨论	tǎolùn	10
特色	tèsè	4
特殊	tèshū	2
题目	tímù	7
体现	tǐxiàn	6
体育馆	tǐyùguǎn	3
体重	tǐzhòng	3
甜品	tiánpǐn	1
挑选	tiāoxuǎn	4
条件	tiáojiàn	10
同事	tóngshì	6
投其所好	tóuqísuǒhào	6
退休	tuì xiū	10
W		
外行	wàiháng	6
胃口	wèikǒu	1
无限	wúxiàn	10
X		
夕阳	xīyáng	10
西瓜	xīguā	4
西红柿	xīhóngshì	1
西红柿炒蛋	xīhóngshì-chǎodàn	1
西装	xīzhuāng	2
细心	xìxīn	5
下厨	xià chú	1
吓	xià	5
咸	xián	8
羡慕	xiànmù	1
相当于	xiāngdāngyú	7
响声	xiǎngshēng	5
想法	xiǎngfǎ	10

生词	拼音	课号
消失	xiāoshī	7
小麦	xiǎomài	1
小名	xiǎomíng	7
笑容	xiàoróng	7
笑一笑，十年少	xiào yí xiào, shí nián shào	7
效果	xiàoguǒ	9
心态	xīntài	10
心意	xīnyì	6
欣赏	xīnshǎng	4
新鲜	xīnxiān	10
信息	xìnxī	6
行动	xíngdòng	6
性格	xìnggé	6
虚惊一场	xūjīng-yìchǎng	5
学问	xuéwen	8
Y		
鸭	yā	8
眼前	yǎnqián	2
眼神	yǎnshén	9
演讲	yǎnjiǎng	7
业余	yèyú	3
一回生，二回熟	yī huí shēng, èr huí shú	9
衣着	yīzhuó	9
意味着	yìwèizhe	10
音乐会	yīnyuèhuì	4
引起	yǐnqǐ	9
隐藏	yǐncáng	7
英镑	yīngbàng	7
用餐	yòng cān	8
优点	yōudiǎn	7
游戏	yóuxì	5
友好	yǒuhǎo	9

生词	拼音	课号
羽毛球	yǔmáoqiú	3
语气	yǔqì	5
预测	yùcè	10
约	yuē	3
月饼	yuèbing	6
运动鞋	yùndòngxié	3
Z		
糟	zāo	1
糟毛豆	zāomáodòu	1
增长	zēngzhǎng	10
真诚	zhēnchéng	6
支付	zhīfù	4
执子之手，与子偕老	zhí zǐ zhī shǒu, yǔ zǐ xiélǎo	2
至少	zhìshǎo	10
质量	zhìliàng	10
智能	zhìnéng	5
中西合璧	zhōngxī-hébì	2
主动	zhǔdòng	6
主食	zhǔshí	8
煮	zhǔ	1
注重	zhùzhòng	10
著名	zhùmíng	10
专家	zhuānjiā	6
砖头	zhuāntou	5
状态	zhuàngtài	5
自助	zìzhù	4
自助游	zìzhùyóu	4
总之	zǒngzhī	9
粽子	zòngzi	6
走马观花	zǒumǎ-guānhuā	4
作家	zuòjiā	7
座位	zuòwèi	5

专有名词

专名	拼音	课号
A		
艾玛	Àimǎ	1
爱立信	Àilìxìn	5
B		
巴黎	Bālí	9
毕淑敏	Bì Shūmǐn	7
D		
端午节	Duānwǔ Jié	6
G		
广东	Guǎngdōng	8
H		
杭州	Hángzhōu	2
J		
杰克	Jiékè	1

专名	拼音	课号
L		
李梅	Lǐ Méi	1
罗恩·古特曼	Luó'ēn Gǔtèmàn	7
M		
马丁·库帕	Mǎdīng Kùpà	5
摩托罗拉	Mótuōluólā	5
N		
纽约	Niǔyuē	5
诺基亚	Nuòjīyà	5
X		
西安	Xī'ān	4
Z		
赵亮	Zhào Liàng	1
中秋节	Zhōngqiū Jié	6